Miriam Schultze

Tüfteln, Grübeln, Ideen schmieden

Kinder erleben in kreativen Aktivitäten die spannende Welt der Erfindungen

Illustrationen: Maria Karipidou

Ökotopia Verlag, Münster

Impressum

Autorin   Miriam Schultze

Illustratorin   Maria Karipidou

Lektorin   Barbro Garenfeld

Satz   Studio Bandur, Beselich-Niedertiefenbach

ISBN   3-936286-34-5

2 3 4 5 6 7 8 9 · 13 12 11 10

Inhalt

Vorwort

Unser Leben ist voller Erfindungen und Entdeckungen. Da gibt es jene nützlichen Dinge, die uns den Alltag erleichtern wie moderne Haushaltsgeräte und Transportmittel, und Erfindungen, die uns eine schnelle Kommunikation mit anderen Menschen ermöglichen wie das Telefon und das Internet.

Aber auch unser Denken und unsere Vorstellungen von der Welt und dem Leben basieren auf schöpferischen Ideen und Entdeckungen, die Menschen entwickelt und aufgeschrieben haben. So wissen wir heute z.B., dass die Erde eine Kugel ist und sich um die Sonne dreht, und wir kennen den Zusammenhang der Jahreszeiten. Wir hören und erfahren von Entdeckungen und Erfindungen in der Schule und aus Büchern, lernen z.B., dass der Mensch vom Affen abstammt und wo und wie die ersten Menschen gelebt haben.

Kein Mensch kann allein für sich alle Erfindungen und Entdeckungen machen, die auf der Erde möglich wären. Wir sind immer darauf angewiesen, dass Menschen, die vor uns gelebt haben, bereits Ideen hatten, neugierig waren und in minutiöser Kleinarbeit geforscht haben.

Fest steht: Der Anfang der Erfindungen ist auch der Anfang der Menschheit. Immer wieder waren die Menschen mit neuen Lebensumständen konfrontiert, die neue Lösungen zwingend erforderlich machten. Und darauf folgten weitere Erfindungen.

In meinem Buch geht es nicht nur darum, einige der großartigen modernen Erfindungen vorzustellen. Es geht eben auch darum zu zeigen, dass scheinbar selbstverständliche Alltagsgegenstände, denen wir meistens wenig Aufmerksamkeit schenken, erst einmal von Menschen erfunden werden mussten, wie z.B. Löffel und Gabel, Toilettenpapier und Sicherheitsnadel – um nur wenige zu nennen. Es geht mir ebenso darum, die Kinder neugierig zu machen auf Geschichte und ihre Hintergründe sowie auf menschliche Sehnsüchte und dem Verlangen, neue Erfahrungen zu machen. Das Buch will erklären, warum Erfindungen gemacht werden.

In zwölf themenbezogenen Kapiteln werden in zahlreichen leicht verständlichen Infotexten die Hintergründe vieler Erfindungen und Entdeckungen unseres Lebens geschildert und erläutert. Darüber hinaus begleiten die LeserInnen in der Vorlesegeschichte die beiden Sterne Seren und Aurad auf einer Reise durch die Jahrhunderte und die verschiedenen Kontinente. Der blaue Stern Aurad überredet den kleinen roten Stern Seren, heimlich die Galaxie zu verlassen, um die Erde zu erforschen. Auf ihrer gemeinsamen Reise durch die Jahrhunderte werden sie Zeugen vieler wichtiger und nachhaltiger Erfindungen und Entdeckungen der Menschen. Sie treffen den Philosophen Diogenes, der seine Ideen in einer Tonne schmiedet, werden Zeugen, wie der chinesischen Kaiserin Leizu eine Seidenraupe in den Tee fällt und so Seide entdeckt wird, wie der kleine blinde Junge Louis Braille die Punktschrift erfindet, wie der Arzt Alexander Fleming durch Zufall das Penicillin entdeckt und Berta Benz die allererste Autofahrt unternimmt.

Dieses Buch soll neben vielen Bastel- und Spielanleitungen Kinder dazu anregen, eigene Ideen zu verfolgen, zu tüfteln und zu experimentieren.

An dieser Stelle möchte ich noch jenen Menschen danken, die nicht unwesentlich zum Gelingen dieses Buches beigetragen haben. Mein größtmöglicher und aufrichtigster Dank geht an Fedra und Stefan Blido, Lisa & Abdo Konur, Winfried Kopps, Derya Türk, Volker Beer, Julia Loytved & Mario Téres, Ingo Mittendorf, Jule Gottwald und Marie-Luise & Horst Müller.
Ich trage euch alle fest in meinem Herzen!!

Miriam Schultze

Kühlschrank, Telefon und Waschmaschine

Wie moderne Erfindungen uns den Alltag erleichtern

Ohne Erfindungen wäre unser Alltagsleben sehr anstrengend, zumindest sehr unpraktisch. Das fängt im Haushalt an, geht weiter bei der Arbeit und hört irgendwo in der Freizeit auf. Viele Menschen können sich ein Leben ohne technische Errungenschaften gar nicht mehr vorstellen.

Die meisten Erfindungen sind so selbstverständlich geworden, dass wir oft gar nicht merken, dass wir täglich mit solchen umgehen. Das ist auch nicht schlimm. Denn was wollen die Menschen von einer Erfindung, meistens jedenfalls? Dass sie funktioniert.

Dass es sich bei einem Gegenstand um eine ursprünglich von Menschenhand geschaffene Erfindung handelt, fällt uns meist erst auf, wenn er kaputt ist und nicht mehr funktioniert.

Viele Objekte unseres modernen Alltags wie Waschmaschine, Staubsauger und Lampen benötigen Strom, um funktionieren zu können. Wir können den Strom, der aus unserer Steckdose kommt, weder sehen noch riechen. Und dennoch ist er von größter Bedeutung für alle unsere elektrischen Geräte. Strom entsteht, wenn winzig kleine Teilchen in Bewegung gesetzt werden und diese gegeneinander stoßen. Strom ist nichts anderes als umgewandelte Energie. Energie ist die Fähigkeit, etwas geschehen zu lassen. Sonnenlicht, fließendes Wasser und Wind sind Formen von Energie, die wir in der Natur finden. Um daraus Strom zu gewinnen, mussten die Menschen erst eine besondere Form von Energie finden: die Elektrizität entdecken. Der Name „Elektrizität" stammt von dem griechischen Wort *electron*, was nichts anderes als *Bernstein* heißt. Bernsteine sind rötlich-gelbe Steine, aus denen schon die Griechen in der Bronzezeit (3.–1. Jt. v. chr. Zt.) Schmuck herstellten. Sie fanden zudem heraus, dass diese Steine mit einem Tuch gerieben, kleine Teilchen, z.B. Flusen, anziehen.

In den Kraftwerken wird zur Stromgewinnung Erdöl, Kohle und Erdgas verbrannt. Der so entstandene Strom wird über die Hochspannungsleitungen bis in die Stromleitungen und so in die Steckdosen geführt. Die Kraftwerke lassen jedoch eine Menge Abgase ab, die für unsere Umwelt schädlich sind. Stromsparen ist daher umweltschonend und ernst zu nehmen.

GÄHN

BIMMEL BIMMEL

In unserem Alltag gibt es kaum einen Bereich, der nicht vollgepackt ist mit nützlichen Gegenständen oder kleinen und größeren Geräten, die für uns einen nicht unwichtigen Zweck erfüllen. Das lässt sich sehr leicht feststellen, wenn wir uns einmal einen ganz normalen Tag vorstellen: Es beginnt schon ganz früh am Morgen beim Aufstehen. Sicher haben viele Menschen ein Gerät, das dafür sorgt, dass sie morgens nicht verschlafen: einen Wecker. So ein Wecker ist ja nicht einfach da.

Als es noch keine Wecker gab, orientierten sich die Menschen an der Natur und standen mit den ersten Sonnenstrahlen auf. Oder sie ließen sich von ihren Haustieren wecken. Bekanntlich haben Hähne die Eigenschaft, schon in aller Frühe ihren markerschütternden Morgengruß auszustoßen. Wer hätte dazu noch die Nerven? Heutzutage stellen wir einfach für morgens einen Wecker. Nicht nur ein einziger Erfinder hatte die Idee dazu. Ganz viele kluge Köpfe haben daran getüftelt, um aus der Uhr einen voll funktionstüchtigen Wecker zu machen.

Wenn wir früh wach werden, ist es manchmal draußen noch dunkel. Wir knipsen eine Lampe an, um Licht in unserer Wohnung zu haben. Die erste Glühbirne erfand der Uhrmacher und Optiker *Heinrich Göbel* im Jahre 1954. Zum Leuchten brachte sie 25 Jahre später der amerikanische Elektrotechniker *Thomas Alva Edison*. Nach dem Aufstehen gehen die meisten Menschen ins Badezimmer, um sich für den Tag frisch zu machen. Dort stoßen sie auf die nächsten Erfindungen, die ihnen seit langer Zeit das Leben erleichtern. Die wichtigste ist vielleicht die Zahnbürste. Bürsten gab es schon lange, aber bevor Menschen auf die Idee gekommen sind, sich die Bürste auch in den Mund zu schieben, vergingen viele Jahre. Vor über 500 Jahren hat sich ein chinesischer Kaiser die Zähne mit einer Zahnbürste aus Schweineborsten geputzt.

Auch in Europa gab es diese Zahnbürste bald. Weil sie aber recht teuer war, musste sich oft eine Familie eine Zahnbürste teilen. Erst 1938 hat das Unternehmen *DuPont* die uns bekannten Kunststoffbürstenhaare auf den Putzstab gesetzt.

Wer schon im Bad ist, wird sich sicher auch noch auf die Toilette setzen. Ein Objekt mit einer sehr langen und sehr eigenen Geschichte. So hat sich das Aussehen der Toilette über die Jahrhunderte sehr stark verändert. Vom Misthaufen über den mittelalterlichen Donnerbalken bis zu unserer modernen Toilette mit Wasserspülung war ein langer Weg. Kanalisationen, die dafür sorgten, dass das verschmutzte Wasser nicht mit dem Frischwasser fürs Waschen und Kochen zusammenfloss, entstanden auch erst vor knapp 150 Jahren in Hamburg und Paris. Toiletten mit Wasserspülung gibt es hier in Deutschland erst seit knapp 50 Jahren. Eine Bequemlichkeit, die heute kaum jemand mehr missen möchte.

Beim Frühstücken begegnen wir neben vielen anderen Errungenschaften der nächsten überaus praktischen Erfindung, die gerade die Kinder sehr schätzen. Das lösliche Kakaopulver.

Nachdem wir gestärkt das Haus verlassen, gehen wir in die Schule. Die Schule ist der Hauptaufenthaltsort für Kinder und Jugendliche. Wer auf den hinteren Bänken Platz nehmen muss und schlecht sieht, ist froh, wenn er eine Brille hat. Aber nicht nur beim Lernen ist die Brille wichtig, fast in allen Lebenslagen ist sie den Menschen mit Sehschwäche eine sehr nützliche Hilfe. Im alten Rom hatten die Kaiser schon Sehhilfen, aber das waren nichts anderes als geschliffene Edelsteine, mit denen die Schrift vergrößert werden konnte. Erst seit dem Ende des Mittelalters gibt es Brillen mit Gläsern, wie wir sie kennen. Und erst in den letzten Jahren des 18. Jh.s wurde die so genannte Schläfenbrille mit seitlichen Bügeln über den Ohren erfunden. Bereits vor 100 Jahren wurde die Kontaktlinse entwickelt, die direkt im Auge auf der Pupille aufliegt und so das Brillengestell ersetzt.

Doch so schnell wird die Brille nicht aussterben. Denn viele Menschen vertragen Kontaktlinsen sehr schlecht.

Auch die Schule bzw. Arbeit ist einmal vorbei und es beginnt die freie Zeit. Vielleicht wollen wir in unserer Freizeit unsere Freundinnen und Freunde treffen. Und die sind vor allem bei Erwachsenen heute meist nicht eine Tür weiter, sondern oft Kilometer weg. Das Handy oder das mobile Telefon ist vielleicht eine der bedeutsamsten und umstrittensten Erfindungen der letzten 20 Jahre. Keine Frage, sie sind sehr praktisch, wenn wir nicht zu Hause sind und trotzdem erreichbar sein wollen. Oder in Notfällen kann sehr schnell Hilfe geholt werden. Aber sie haben auch einen großen Nervfaktor. Denn manche Leute reden lieber in ihr Handy als mit ihrem Nachbarn. Auch das ständige Gepiepe, weil ja der tolle neue Klingelton unbedingt für alle hörbar sein muss, ist beileibe nicht nach jedermanns Geschmack. Zuletzt kommen dann noch die Kosten fürs Mobiltelefonieren dazu. So mancher kann seine Telefonrechnung längst nicht mehr bezahlen. Trotzdem ist das Handy aus unserem Alltag nicht mehr wegzudenken, auch wenn die meisten Anwendungen eigentlich ziemlich überflüssig sind. Gerade am Handy ist leicht zu erkennen, wie stark manche Erfindung unseren Alltag beeinflusst.

Und das gilt eben für die meisten Neuerungen, die direkt in unserem Alltag zum Einsatz kommen. Häufig gewöhnen wir uns so sehr daran, dass wir sie nach kurzer Zeit gar nicht mehr bemerken. Wer denkt denn noch darüber nach, dass die Spülmaschine läuft oder die Waschmaschine. Wenn sie nützlich sind, ohne auf sich aufmerksam zu machen, sind es natürlich auch besonders gute Erfindungen. Denn sie sollen uns ja das Alltagsleben erleichtern und nicht störend auffallen.

Tagein, tagaus sind wir von Erfindungen umgeben, sie begleiten uns unauffällig durch den Tag. Wer einmal den Versuch macht, Alltagssituationen ohne Erfindungen benennen zu wollen, wird eine Weile brauchen.

Vom kleinen roten Stern, der die Erde sehen will

Sterne gibt es in verschiedenen Farben. Sie können gelb, blau, rot und sogar weiß sein. Auch sind sie von unterschiedlicher Größe. Und, es gibt alte Sterne und junge Sterne. Einige Sterne leuchten zudem heller als andere. Sterne sind eben verschieden.

Für gewöhnlich hängen Sterne die meiste Zeit ihres Daseins in der Galaxie herum. Sterne machen die ganze Nacht nichts anderes als Leuchten. Tagsüber ruhen sie sich vom Leuchten aus. Manchmal rufen sich die Sterne etwas zu und halten sich so gegenseitig bei Laune. Das Sternengeflüster können wir von hier unten auf der Erde natürlich nicht hören.

Unter den vielen Sternen gab es auch den kleinen roten Stern Seren. Seren bewunderte die großen hellen Sterne. Gerne wäre sie ein weißer Stern von anmutiger Schönheit, einer dieser leuchtenden Sterne, die bis zur Erde funkeln. So sehr Seren sich aber auch anstrengte, ihr Leuchten blieb schwach. Rote Sterne wie Seren leuchten nun einmal nicht so stark.

Trotz ihrer schwachen Leuchtkraft war Seren kein wirklich unglücklicher Stern. Mit ihren beiden Freunden, den anderen roten Sternen Delta und Lamda, die nur wenige Millionen Lichtjahre von ihr am Himmel herumschwirrten, hatte sie viel Spaß. Manchmal ärgerten sie gemeinsam die große Sonne, manchmal versteckten sie sich hinter dem Mond. Eines Tages nun geschah etwas, das Serens gesamtes Dasein völlig durcheinander bringen sollte.

Es ist nämlich so: Auch wenn wir Menschen es nicht sehen, Sterne können sich bewegen. Mit ihren riesigen schweren Körpern aus heißem Gas rollen sie durch die Milchstraße. Und wenn sie dabei nicht aufpassen, prallen sie mit anderen Sternen zusammen. Und so geschah es, dass Seren plötzlich von einem dieser gigantischen blauen Sterne angerempelt wurde. Es machte einen riesigen Knall. Gas und Staub, Eis und Gestein wirbelten in tausenden von kleinen Teilchen durch die Galaxie.

„Aua!", rief Seren erzürnt. „Kannst du nicht aufpassen?"

Der große blaue Stern sah sie an. Blaue Sterne hatte Seren immer gemieden. Sie waren eingebildet, wahrscheinlich, weil sie am stärksten leuchteten. Und das wussten sie auch. Nein, von so einem würde sie sich nicht blenden lassen. Nicht sie, der kleine rote Stern! „Leuchte mich nicht so an, blauer Stern", sagte sie. Doch der große blaue Stern hatte nur ein Lächeln übrig. „Was für ein bezaubernder Stern!", antwortete er stattdessen. ‚Wie seltsam diese blauen Sterne doch sind!', dachte Seren. Aber der blaue Stern sprach zu ihr: „Darf ich mich vorstellen? Ich heiße Aurad!"

Seren schüttelte die Gas- und Staubflocken von sich. Sie schaute den blauen Stern nicht an. Der sollte bloß verschwinden und sie endlich in Ruhe leuchten lassen. Da sagte er auf einmal: „Kleiner roter Stern! Sollen wir etwas Verbotenes tun?"

Seren erschrak. Und sie war überrascht. Aber auch ein bisschen neugierig. Etwas Verbotenes? Was meinte der blaue Stern damit? Doch wohl nicht etwa das Verlassen der Galaxie? Wie oft hatte die große Sonne die kleinen Sterne gewarnt. Nein, die Galaxie dürfen Sterne nicht verlassen. Dann können sie verglühen. Oder sie geraten in die Erdumlaufbahn. Und was, wenn der Mond etwas davon mitbekam?

„Du willst doch nicht etwa die Galaxie verlassen?", fragte Seren vorsichtig. „Doch!", antwortete der blaue Stern, „genau das will ich. Ich könnte dir die Erde zeigen! Dort leben seltsame Wesen, die sich Menschen nennen! Niemand würde uns sehen!"

Einmal die Galaxie verlassen und die Erde sehen! Oh, wie verlockend! Der blaue Stern sah Seren an, rückte noch ein bisschen an sie heran und flüsterte mit so einer tiefen Stimme, wie sie nur blaue Sterne haben: „Trau dich einfach und komm' mit! Wir werden es niemandem verraten!"

Seren spürte, dass sie sich dem Charme dieses blauen Sternes nicht entziehen konnte. Endlich würde etwas Aufregendes passieren. Sie könnte das anstrengende Leuchten vergessen. Sie könnte die Erde sehen! Sie bekam eine ungeheuerliche Lust! Doch schon packte sie Zweifel. Es wäre viel zu gefährlich! Sie könnte verglühen, wenn sie nicht aufpasste. Und wenn die Sonne sie erwischen würde? Konnte sie diesem blauen Stern überhaupt trauen? Hin- und hergerissen war der kleine rote Stern. Was würden Delta und Lamda dazu sagen? Seren schaute sich nach den beiden anderen roten Sternen um.

„Klar, trau' dich!", riefen die beiden aus der Entfernung im Chor. „Pass' nur gut auf, dass du nicht verglühst! Und erzählen musst du uns alles, wenn du zurück bist! Und zurückkommen musst du natürlich auch!" Klar würde sie zurückkehren! Sie wollte nur einmal die Erde sehen und dann würde der blaue Stern sie an ihren alten Platz zurückführen. Mit einem Sternenzwinkern verabschiedete sich Seren von den roten Sternen.

Sie presste ihren kühlen roten Körper an den heißen blauen mit Helium gefüllten Stern und mit höchster Lichtgeschwindigkeit sausten die zwei in Richtung Erde.

Wenige Millionen Lichtjahre vergingen. „Schau, wir sind schon da!", rief der blaue Stern. Seren sah zur Erde hinab. Ihr wurde ganz schwindelig und sogleich schaute sie wieder weg. So etwas Schönes hatte sie noch nie gesehen. Da lag sie vor ihnen, die Erde. Eine wunderbare riesige Kugel. Und darin leuchteten dunkelblaue Ozeane und grüne Wälder. Seren sah wundersame formenreiche Gebirge und riesige Wüsten aus feinem gelben und roten Sand.

Aber das Schönste waren diese seltsamen Lebewesen, die auf zwei Beinen gingen. Und es waren so viele! „Das sind die Menschen!", erklärte der blaue Stern.

„Das Besondere an den Menschen ist, dass sie denken können!", sprach er weiter. „Wenn sie ein Problem haben, suchen sie sofort nach einer Lösung. Dann denken sie eine Weile darüber nach, und dann erfinden sie etwas, damit sie dasselbe Problem in Zukunft nicht mehr bekommen."

Das erschien auch Seren sehr außergewöhnlich. Hatten die Menschen dann irgendwann keine Probleme mehr? Als ob der blaue Stern Serens Frage erraten hatte, erklärte er: „Das eigentliche Problem der Menschen ist, dass jede ihrer Erfindungen weitere Erfindungen erforderlich macht. Das Lösen eines Problems lässt neue Probleme entstehen. Und so erfinden die Menschen und erfinden. Sie denken nach und grübeln und forschen!"

„Aber wer von ihnen hat mit dem Erfinden angefangen?", fragte Seren. Der blaue Stern überlegte einen Augenblick. „Ich glaube, es war so, dass die Menschen das ganze Zeug auf der Erde vorgefunden haben", erwiderte er „und weil sie aus allem etwas machen und erfinden müssen, haben sie sich erst einmal Werkzeuge daraus gebastelt." Seren war erstaunt: „Das ganze Zeug?" „Ja, die Steine, die Bäume und all' das!", antwortete der blaue Stern. „Sie haben zum Beispiel aus Zweigen Körbe geflochten und aus Steinen Steinäxte geschaffen. Und jeder von ihnen hat Ideen gehabt, einen Gegenstand zu verbessern oder die Erfahrung hat sie gelehrt, etwas Neues erfinden zu müssen. Natürlich müssen die Menschen, die in Gegenden leben, in denen es immer heiß ist, keine Schneeschuhe oder gar Schlitten erfinden. Warum auch? Und für die Menschen, die im Eis leben, ist es nicht so wichtig, Kühlschränke zu erfinden."

‚Die Menschen führen ein wirklich aufregendes Leben', dachte sich Seren. Aber sie wollte mehr sehen von ihnen. „Lass' uns noch ein bisschen näher an die Erde rücken!", bat sie den blauen Stern. „Ich werde dir jetzt etwas Schönes zeigen!", versprach er ihr.

Woher wusste der blaue Stern all' das über die Menschen und die Erde? Bestimmt hatte er schon einige Male heimlich die Galaxie verlassen. Seren wunderte sich. Dennoch war sie mehr als gespannt. Und den blauen Stern mochte sie eigentlich ganz gern.

Toaster oder Rasenmäher?

Kleine Kinder sind begeistert von den Erfolgserlebnissen, die sie auf schnelle Weise bei diesem Ratespiel erlangen können.

Material: keins
Alter: ab 3 Jahren

Die Kinder setzen sich in einen Stuhlkreis.
Ein Kind begibt sich in die Mitte und stellt ein elektrisches Gerät dar. Es gibt dabei Laute von sich und macht typische Handbewegungen: z. B. das Surren einer Waschmaschine, der Motor eines Rasenmähers oder das Saugen eines Staubsaugers.
Die anderen Kindern raten, um welches Gerät es sich handelt.
Das Kind, das als erstes richtig geraten hat, wechselt mit dem Kind in der Mitte den Platz und darf jetzt ein weiteres Gerät darstellen.

Kühlschrank, Fön und Mikrowelle

In Illustrierten und Zeitschriften finden die Kinder Abbildungen von vielen Alltagsgegenständen, die sie von Zuhause kennen und die unseren Alltag entlasten.

Material: alte Zeitschriften, 1 große Pappe pro Kind (z. B. DIN A3), Schere, Stifte, Klebstoff
Alter: ab 3 Jahren (mit Varianten ab 6 und ab 8 Jahren)

Die Kinder schneiden aus den Zeitschriften Abbildungen von Dingen aus unserem Alltag aus, die Menschen erfunden haben, damit wir entlastet werden und Zeit sparen: z. B. Kühlschrank, Nähmaschine, Staubsauger, Waschmaschine, Mikrowellenherd, Telefon, Toaster, Fön oder Türklingel.
Sie kleben die ausgeschnittenen Abbildungen untereinander auf eine große Pappe.
Die Gruppe schaut sich gemeinsam die Pappe mit den aufgeklebten Bildern an und überlegt in einer Diskussionsrunde, welcher Arbeitsvorgang für die Menschen nötig wäre, wenn es diese Erfindung nicht geben würde:

◆ Ein Leben ohne Waschmaschine bedeutet z. B. Wäsche mit den Händen in einem Eimer mit Seife waschen.
◆ Ohne Fön müssen die nassen Haare an der Luft trocknen.
◆ Ohne Türklingel muss Besuch an der Tür klopfen.

Variante für Kinder ab 6 Jahren

Die Kinder zeichnen mit ihren Stiften neben die aufgeklebten Bilder jeweils einen Kreis, in den sie ein Bild von der Situation malen, in der sich die Menschen ohne diese Erfindung befänden. In einer Diskussionsrunde überlegen die Kinder gemeinsam mit der Gruppenleitung, welche Erfindungen den Alltag wirklich erleichtern, und auf welche die Menschen leicht verzichten könnten.

Weitere Diskussionsanregungen

◆ Gibt es Gemeinsamkeiten der Alltagserfindungen, z.B. dass die meisten arbeitsentlastenden Dinge durch elektrischen Strom angetrieben werden?

◆ Welche Dinge mussten vorher erfunden werden, damit diese Erfindungen erst möglich waren? Um eine Nähmaschine zu erfinden, musste z.B. erst der Faden, das Weben bzw. das Nähen erfunden werden. Die Voraussetzung für einen Toaster ist die Entdeckung des Mehls und die Erfindung, Brot zu backen.

◆ Welche Arbeitsentlastung bieten diese modernen Erfindungen? Früher mussten die Menschen z.B. erst Holz sammeln, ein Feuer machen und dann das Essen darüber zubereiten. Das konnte einige Stunden dauern. Heute wird die Nahrung in wenigen Minuten in der Mikrowelle gar.

Variante für Kinder ab 8 Jahren

Die Kinder ermitteln die durchschnittliche Zeit, die ein Arbeitsvorgang mit moderner Erfindung erforderlich macht. Dem gegenüber schätzen sie die mögliche Zeit, die derselbe Vorgang ohne die jeweilige Erfindung erfordern würde. So beansprucht das Füllen einer Waschmaschine mit Wäsche und das Anstellen der Maschine höchstens fünf Minuten. Die Wäsche mit der Hand sauber zu schrubben hingegen vielleicht sogar einen ganzen Vormittag. Die Kinder schreiben die unterschiedliche Dauer der Arbeitsvorgänge unter die aufgeklebten und gemalten Abbildungen.

Der Ideenkoffer

Diese Spielaktion regt kleine Kinder dazu an, jene Erfindungen, mit denen wir tagtäglich zu tun haben, einmal genauer zu reflektieren.

Material: 1 Koffer mit Alltagsgegenständen (z.B. Wecker, Busfahrschein, Zahnbürste, Kamm, Frühstücksbrettchen, Tasse, Gabel, Löffel)
Alter: ab 3 Jahren

Die Kinder setzen sich in einen Kreis um den Koffer herum.
Ein Kind zieht aus dem Koffer einen der Gegenstände und benennt ihn.
Die übrigen Kinder sagen, wofür dieser Gegenstand nützlich ist, warum dieser Gegenstand erfunden wurde und wie er unseren Alltag erleichtert.
Beispiel: Ein Löffel ermöglicht uns das Essen heißer flüssiger Nahrung, der Wecker weckt uns morgens pünktlich, mit der Zahnbürste putzen wir unsere Zähne und halten sie so gesund etc.

Zauberluftballon

Mit diesem Experiment wird schon kleinen Kindern das Prinzip der elektrischen Anziehung verdeutlicht. Durch Reibung an einem Wollschal lädt sich der Luftballon positiv auf und kann plötzlich „zaubern". Er zieht Papierschnipsel an.

Material: 1 Luftballon, 1 Bogen Seiden- oder Transparentpapier, Wollschal; evtl. Plastiklöffel, -lineale, -becher etc.
Alter: ab 3 Jahren

Seiden- oder Transparentpapier in Schnipsel zerreißen und zu einem kleinen Häufchen zusammenlegen.
Luftballon aufblasen und verknoten.
Luftballon an den Wollschal reiben.
Die Kinder halten den elektrisch aufgeladenen Luftballon mit einigem Abstand über den Papierhaufen und sehen, was passiert: Der Luftballon „saugt" die Schnipsel an, ohne dass er mit ihnen in Berührung gekommen ist!

Variante
Auch andere Gegenstände aus Kunststoff können „zaubern", wenn die Kinder sie an dem Wollschal reiben, z.B. Plastiklöffel oder -lineale.

Elektrische Luftballons

Laden die Kinder zwei Luftballons elektrisch auf, stoßen sich die Luftballons gegenseitig ab. Sie ziehen sich nicht an, sondern rollen weg.

Material: 2 Luftballons, 1 Wollschal
Alter: ab 3 Jahren

Beide Luftballons aufpusten und verknoten.

Die Luftballons nacheinander an den Wollschal reiben und den einen mit etwas Abstand an den anderen halten.
Was passiert? Der zweite Luftballon rollt weg. Die Kinder können so mit einem Luftballon den anderen bewegen, ohne dass sich die Luftballons berühren.

Ballonwindrad

Der Wind ist eine Form von Energie, die die Menschen z.B. für den Antrieb von Windmühlen oder auch zur Erzeugung von Strom nutzen. In einem aufgeblasenen Luftballon ist ebenfalls Windenergie gespeichert.

Material: 1 Euromünze, festes Papier, Bleistift, Schere, 1 Luftballon, 1 Strohhalm, Tesafilm, 2 Stecknadeln
Alter: ab 5 Jahren

Vorbereitung
Eine Euromünze auf festes Papier legen und mit dem Bleistift einmal herumzeichnen.
Den Kreis ausschneiden und in den Rand des Kreises kleine Schlitze schneiden.

Die Ecken abwechselnd einmal nach vorne und nach hinten biegen, so dass ein kleines Mühlenrad entsteht.
Den Luftballon aufblasen und das Ende verknoten.
Ein Stück vom unteren Ende des Strohhalmes ab- und so einschneiden, dass dieser drei Beine erhält.
Die Beine des Halms umbiegen und mit Tesafilm auf dem Ballon befestigen.
Mit der Stecknadel erst durch die Mitte des Rädchens stechen und dann durch den Strohhalm, um das Windrad auf dem Ballon zu befestigen.

Experiment
Mit der zweiten Nadel in den Tesafilm unterhalb des Windrädchers stechen.
Die nun ausströmende Luft setzt das Rad in Bewegung, ohne dass der Ballon platzt.

Reißverschluss auf!

Der amerikanische Ingenieur Whitcomb Judson erfand im Jahre 1891 einen Verschluss mit einem Haken. Gideon Sundback griff diese Idee auf und entwickelte den ersten Reißverschluss. Bei diesem Bewegungsspiel, das sich für eine große Gruppe eignet, empfinden die Kinder die Technik des Reißverschlusses nach. Je schneller sie es spielen, desto mehr gewinnt es an Dynamik und Spaß.

Material: 2 Bälle
Alter: ab 4 Jahren
Anzahl: große Gruppe
Ort: freie Fläche

Die Kinder bilden zwei gleich große gegnerische Gruppen mit jeweils einem Ball und setzen sich einander mit gestreckten Beinen gegenüber.

Die Kinder rücken sich so in Position, dass die eigenen Füße immer neben den Füßen des gegenüber sitzenden Kindes sind und alle SpielerInnen auf diese Weise eine Art „Reißverschluss" bilden.
Ein Kind pro Gruppe stellt sich mit dem Ball vor dem Reißverschluss in Position.
Die Spielleitung gibt ein Zeichen und die beiden Kinder rufen ihrer jeweiligen Gruppe „Reißverschluss auf!" zu.
Alle Kinder heben ihre Beine hoch.
Der Ball wird unter den Beinen hindurchgerollt.
Das Kind setzt sich neben das erste Kind seiner Gruppe.
Ist der Ball bei dem letzten Kind des Reißverschlusses angekommen, schnappt sich dieses den Ball, rennt nach vorne, ruft wieder „Reißverschluss auf!" und lässt den Ball durch den Reißverschluss rollen.
Das Spiel ist zu Ende, sobald jedes Kind einer Gruppe einmal den Ball bekommen hat.
Die Gruppe, die als erste durch ist, hat gewonnen.

Seide, Buchdruck und Papier

Frühe Erfindungen, die die Welt beeinflussten

Viele der Erfindungen in unserem Alltag sind schon ziemlich alt. Natürlich sind sie heute weiterentwickelt und einige der Erfindungen, die vor vielen tausend Jahren wichtig für das Überleben der Menschen waren, sind für unser heutiges Leben nicht mehr von Bedeutung. Erfindungen werden gemacht, seit es Menschen gibt. Immer wieder waren die Menschen mit neuen Lebensumständen und Problemen konfrontiert, die Lösungen erforderlich machten. Und darauf folgten weitere Erfindungen.

Wissenschaftler glauben, dass die ersten Menschen vor über 2,5 Mio. Jahren gelebt haben. Vermutlich kamen sie vom afrikanischen Kontinent. Ein paar ihrer Erfindungen sind uns erhalten geblieben, und nur deshalb lässt sich im Nachhinein rekonstruieren, wie und wo sie ihr Leben gestaltet haben.

Die ersten Menschen lebten von der Jagd und vom Sammeln wild wachsender Früchte. Sie bauten sich Werkzeuge und Waffen aus Steinen, Holz und Tierknochen. Sie fanden heraus, dass sie durch das Zusammenschlagen zweier Steine einen Stein zu einer Klinge machen konnten und somit zu einem nützlichen Werkzeug. Dieses Steinwerkzeug überdauerte viele Jahrtausende. Und weil es das einzige war, das von ihnen erhalten geblieben ist, nannten die Wissenschaftler diese Zeit der ersten Erfindungen auch die *Steinzeit.*

In einigen Steinen gibt es Metalle, z.B. Kupfer. Die Menschen entdeckten, dass sie Metall schmelzen können und erfanden Metallwerkzeuge. Doch um Metall schmelzen zu können, war es erst einmal nötig, das Feuer zu entdecken. Vermutlich entdeckten die Menschen das Feuer eher zufällig durch von Blitzeinschlägen ausgelöste Waldbrände. Dass sie Feuer aber nutzen konnten, das fanden sie erst später heraus.

Vermutlich ist die Entdeckung und Nutzbarmachung des Feuers eine der wichtigsten Errungenschaften der Steinzeitmenschen. Sie fanden heraus, dass sie Feuer selber machen können, wenn sie zwei Holzstücke gegeneinander reiben. Die Entdeckung des Feuers hat das Leben der ersten Menschen grundsätzlich verändert. Feuer spendete nicht nur Licht und Wärme, sondern hielt auch ungeliebte Tiere fern und veränderte den Geschmack der Nahrung durch Kochen. Mit dem durch Feuer entstandenen Rauch ließ sich die Nahrung haltbarer machen und die Menschen konnten endlich Vorräte anlegen.

Doch zurück zu der Erfindung der Metallwerkzeuge. Nachdem die Menschen herausfanden, wie sie Metalle zum Schmelzen brachten, kamen sie auf die Idee, Kupfer mit anderen Metallen zu mischen, z.B. mit Zinn und Bronze. So entdeckten sie das Eisen und fingen an, es zu bearbeiten. Im Vorderen Orient erfanden die Menschen etwa 2500 v. chr. Zt. ein Verfahren, um besonders hohe Temperaturen für das Schmelzen von Metallen zu erzielen, denn mit einem einfachen Feuer konnten sie kein Kupfer oder Eisen gewinnen. Sie machten die Entdeckung, dass sie ihre Feuer in Holzkohleöfen einer stärkeren Luftzufuhr aussetzen mussten, für die sie vermutlich mit den Füßen betriebene Blasebalge erfanden.

Und auch hier folgte eine Erfindung auf die andere. Die Entdeckung des Feuers ermöglichte den Menschen z.B., Flächen zu roden, um sie für den Ackerbau zu nutzen. Und so veränderte sich auch das Leben der Menschen. Sie waren nun nicht mehr darauf angewiesen, ihre Nahrung nur durch die Jagd zu bestreiten, sondern konnten ab jetzt an einem Fleck leben und Nahrung anbauen.

Mit den neuen Lebensumständen kamen auch neue Erfindungen hinzu. Die Menschen begannen Häuser zu bauen und waren damit vor das Problem gestellt, schwere Lasten transportieren zu müssen.

Die landwirtschaftlichen Errungenschaften wurden stetig verbessert und die Bauern benötigten weniger Arbeitskräfte. So konnten sich einige der Menschen anderen Aufgaben widmen und mit neuen Erfindungen entstanden neue Berufe. Jetzt gab es Priester, Beamte, Krieger und Kaufleute. Neue Berufe bedeuteten ebenfalls wieder neue Erfindungen. Zum Beispiel wurde das Messen und Berechnen für die Kaufleute wichtig, um Gegenstände miteinander zu vergleichen und um Häuser und Straßen zu bauen. Für die Beförderung schwerer Lasten benutzten die Menschen Tiere oder Schlitten, bis sie schließlich das Rad erfanden. Noch schneller gelang ihnen der Transport jedoch mit Schiffen zu Wasser. Und so konnten sie sich selbst immer weiter fortbewegen und ihren Horizont erweitern und anderen Menschen an anderen Orten begegnen. Und natürlich auch Erfindungen und Ideen austauschen.

Ein besonderer schöpferischer Einfall war das Rad, dessen Erfinder vor über 4500 Jahren in Mesopotamien lebten. Nirgendwo in der Natur finden wir das Rad. Es ist einzig und allein eine Erfindung der Menschen. Räder erleichtern den Menschen die eigene Fortbewegung und sie ermöglichen ihnen den Transport schwerer Lasten. Die ersten Räder bestanden aus mit drei Holzbrettern zusammengesetzten Holzscheiben. Später entwickelten die Menschen das Speichenrad aus Holz. Drahtspeichen gab es erst um 1800 n. chr. Zt. und die Luftreifen erst 95 Jahre später. Das erste Fahrrad erfand *Karl Drais* im Jahre 1817. Jedoch besaßen diese Zweiräder noch keine Fußpedalen. Ihre Fahrer mussten sich mit den Füßen vom Boden abstützen.

Erfinderisch im Umgang mit Zahlen und Rechnen waren v. a. die alten Ägypter. Mit Hilfe der von ihnen entdeckten Mathematik konnten sie solche komplizierten Dinge wie Pyramiden be-

rechnen und bauen. Die Mathematik ist die Wissenschaft von den Zahlen, den Mengen, den Formen und ihren Beziehungen zueinander. Durch Mathematik gelingt es den Menschen, ein wenig Ordnung in das Chaos ihrer Umwelt zu bringen. Ähnlich wie die Schrift aus Buchstaben, besteht die Mathematik aus Zahlen. Unser Zahlensystem, in dem es 10 Ziffern gibt und auf der Basis 10 arbeitet, haben die Inder und Araber entwickelt. Spannend wurde die Mathematik erst durch die Zahl Null, die sowohl von den Babyloniern, den Chinesen, den Maya als auch den Indern entdeckt wurde und zu uns erst 400 n. chr. Zt. gelangte.

Neben den Ägyptern waren die Chinesen ein wahres Volk von Erfindern. Auf ihre Einfälle gehen z. B. der Buchdruck, das Papier, der Kompass und das Schießpulver zurück.

In der Zeit zwischen 618–907 n. chr. Zt. verwaltete eine straff organisierte Beamtenschaft die chinesische Gesellschaft. Und weil das Volk wenige Kriege führte, lebten die Chinesen damals lange Zeit in großem Wohlstand. Entlang Chinas gewaltiger Küste ließen sie ab dem 8. Jh. n. chr. Zt. prächtige Schiffe fahren, die sie gebaut hatten. Sie konstruierten Wasseruhren, Spinnräder, Sonnenschirme und beherrschten schon lange vor Europa den Eisenguss. Sie entwickelten eine außergewöhnliche Schrift, die nicht wie unsere den Klang der Worte, sondern ihren Sinn ausdrückt, und entwarfen die hohe Kunst der Schönschrift, die wir Kalligrafie nennen. Auch das Werkzeug zum Schreiben erfanden die Chinesen: Pinsel, Papier, Tinte und Tintenstäbchen.

Im Mittelalter erreichten erstmals europäische Reisende den Fernen Osten und berichteten daheim von diesen erstaunlichen Dingen. Natürlich versuchten die Europäer das nachzubauen, was sie bei den Chinesen gesehen hatten. In vielen Fällen gelang ihnen das oft erst einige hundert Jahre später. Ein Ort, an dem Menschen verschiedenster Kulturen ihre Erfindungen, Entdeckungen und neuesten Errungenschaften austauschten und weiterreichten war die *Sei-*

$$\frac{(a+b)^2}{\sqrt{\frac{1}{4}}^2} \times \left[\left(\frac{5}{4}-\frac{1}{2}\right)^2\right]^9 = ??$$

denstraße. Die Seidenstraße führte von China durch Zentralasien bis zum Mittelmeer und zum Schwarzen Meer und erhielt ihren Namen nach jener chinesischen Entdeckung, die andere Völker und Kulturen besonders begehrten: der Seide. Der Legende nach fiel einst einer chinesischen Kaiserin eine Seidenraupe in ihren Tee. Beim Herausfischen der Raupe löste sich der Faden des Kokons und der Seidenfaden ward entdeckt! Um aus dem Seidenfaden Seide zu machen, war eine andere wichtige Erfindung Voraussetzung: das Weben, die Verkreuzung von Fäden zu einem festen Stoff.

Wie bei vielen anderen Erfindungen können wir den Ursprung der Weberei nicht mehr genau nachvollziehen. Aber wir wissen inzwischen, dass die Menschen schon sehr früh herausfanden, dass sich Zweige und Äste ineinanderflechten lassen. Auf diese Weise entstand zunächst die Korbflechterei. Um Stoffe weben zu können, mussten die Menschen einen Webrahmen erfinden, auf den sie ein Fadensystem spannen konnten, um einen anderen Faden damit rechtwinklig zu verkreuzen. Die alten Ägypter besaßen schon sehr früh solche Webrahmen und auch die Chinesen stellten im Altertum bunt gemusterte Seidenstoffe her, die über die Seidenstraße durch Zentralasien bis ans Mittelmeer gelangten und an die Römer verkauft wurden. Die Herstellung der Seide blieb jedoch über viele hundert Jahre ein gut gehütetes Geheimnis der Chinesen.

In den Städten am Rande der Seidenstraße trafen sich ab dem 2. Jh. v. chr. Zt. Händler aus aller Welt. Sie tauschten nicht nur Dinge wie Seide, Gold, Glas, Papier und Metalle, sondern auch Ideen und religiöse Vorstellungen über Buddhismus, Islam und Judentum aus. Das Zusammentreffen von Menschen verschiedenster Kulturen ermöglicht den Austausch neuer Ideen und inspiriert zu weiteren Entdeckungen und Erfindungen.

Einer der Weltreisenden, der viele Ideen aus China nach Europa brachte, war der Kaufmannssohn *Marco Polo*, der 1254–1325 n. chr. Zt. lebte. Marco Polo verbrachte annähernd 16 Jahre in China. Er lernte die Sprache und die Gebräuche der Chinesen und wurde zum kaiserlichen Beamten ernannt. Nach Italien zurückgekehrt, geriet er im Jahre 1296 während einer Seeschlacht in Gefangenschaft und brachte daraufhin drei Jahre in einem Gefängnis in Genua zu. Der Gelehrte *Rusticano von Pisa*, mit dem sich Marco Polo die Gefängniszelle teilte, notierte alles, was Marco Polo ihm über die Sitten und Gebräuche der Chinesen berichtete. So entstand das Buch „Die Reisen des Marco Polo".

Igitt, eine Raupe im Tee!

Seren und Aurad, die zwei Sterne, die heimlich ihre Galaxie verlassen hatten, standen direkt am Himmel über der Erde und sahen auf einen Ort hinab, den die Menschen ‚China' nennen.

In der Sprache der Bewohner von China heißt das Land ‚Zhonghua', das bedeutet ‚Reich der Mitte'. Da die Chinesen eine Zeit lang dachten, ihr Land sei das Zentrum der Erde, gaben sie ihm diesen Namen.

„Können uns die Menschen von dort unten eigentlich sehen?", wollte Seren wissen. „Nein!", entgegnete ihr der blaue Stern mit einem Schmunzeln. „Dafür müssten sie ein Teleskop haben und das wird erst in einigen tausend Jahren in Prag erfunden!"

Plötzlich erinnerte sich Seren, dass Aurad ihr etwas Besonderes zeigen wollte.

„Was wolltest du mir zeigen?", fragte sie deshalb ungeduldig. Der blaue Stern antwortete: „Schau', dort unten geht die Kaiserin Leizu mit einer Tasse Tee in ihrem Garten umher. Gleich wird etwas Erstaunliches passieren. Du wirst Zeugin des Beginns einer großartigen Erfindung sein!"

Oh, dieser blaue Stern übertreibt! Was für eine Erfindung sollte schon gemacht werden, wenn eine chinesische Kaiserin in ihrem Garten herumspaziert und Tee trinkt?

Seren betrachtete die wunderschönen Maulbeerbäume im Garten der Kaiserin. Es war Frühling. Die Maulbeerblätter des Baumes blühten in ihrer vollen Pracht. Kleine Raupen befanden sich auf den Blättern, um sich daran zu verköstigen. Die Kaiserin Leizu ging ein paar Schritte, unter einem der Bäume blieb sie stehen. Sie nippte an ihrem Tee. Gedankenverloren setzte sie die Tasse wieder ab. In diesem Moment rollte eine kleine Raupe über eines der Blätter, rutschte ab und ... platsch ... landete in dem Tee der Kaiserin.

Die Kaiserin erschrak. Igitt, eine Raupe im Tee! Mit ihren Fingern versuchte sie, das Insekt aus ihrer Tasse zu fischen. Plötzlich fühlte sie einen Faden. Die Kaiserin zog daran. Der Faden wurde immer länger. Wie seltsam, wo doch nur eine kleine Raupe in ihren Tee gefallen war. Doch je mehr die Kaiserin an dem Faden zog, desto mehr begriff sie, dass dies ein Faden war, mit dem sich die kleine Raupe eingewickelt hatte. Die Raupe hatte sich einen Kokon gesponnen. Gut fühlte sich der Faden an. Und er war so hell und weiß! Sicherlich ließ sich daraus ein wunderbarer Stoff weben.

„Siehst du!", flüsterte der blaue Stern Seren zu, „die Kaiserin Leizu hat soeben den Seidenfaden entdeckt! Und nun wird sie als nächstes die Seide erfinden. Und dann wird sie ihre Erfindung wie ein großes Geheimnis hüten. Viele hundert Jahre werden nur die chinesischen Kaiserinnen wissen, wie Seide hergestellt wird." Seren schaute Aurad ungläubig an. „Was wird sie denn damit machen?" Aurad antwortete: „Die Kaiserin Leizu ist bereits eine große Erfinderin. Sie hat schon einen Webstuhl erfunden und nun wird sie versuchen, den Faden der Raupe damit zu weben. Auf diese Weise wird der Seidenstoff entstehen!"

„Aber um ein großes Stück Stoff zu weben, benötigt sie eine Unmenge dieser Raupen-
fäden!", entgegnete Seren.
„Natürlich!", sagte der blaue Stern, „deshalb wird sie mit der Aufzucht der Seidenraupe
beginnen."
Der blaue Stern berichtete davon, dass diese Raupen nur dann einen so schönen feinen
und weißen Faden spinnen, wenn sie mit den Blättern der in den kaiserlichen Gärten
wachsenden Maulbeerbäume gefüttert werden. Und davon, dass die Kaiserin Leizu beobachten wird, dass die Raupen eine besondere Pflege benötigen. Die Kaiserin wird ihre
Helferinnen genau anweisen, die Raupeneier sorgfältig zu pflegen und zu baden und zu
wunderschönen Seidenraupen großzuziehen. Die fertig gewobene Seide wird mit den
Karawanen in den Westen gebracht und teuer verkauft. Ein Kilo Seide soll immerhin ein
ganzes Kilo Gold kosten.
 „Und diese geheime Erfindung hat wirklich niemand ausgeplaudert?", wollte Seren wissen.
Der blaue Stern antwortete: „Doch! Früher oder später passiert so etwas!" Und er
erzählte Seren die Geschichte der Prinzessin, die eines Tages einen Prinzen aus Korea
heiratet, und wie sie in ihrer Hochzeitsfrisur einige Raupeneier versteckt hält. Auf diese
Weise gelangen die Raupen nach Korea. Viele Jahre später bringen chinesische Mönche
Raupeneier in das alte Byzanz, um sie dem Kaiser Justinian von Byzanz zu schenken.
Und so werden die begehrten Seidenraupen nach Europa kommen. „So viel Aufhebens
wegen einer kleiner Raupe, die in einen Tee gefallen ist!", bemerkte der kleine rote Stern.
Seltsam diese Menschen!

Fahrradroulette

Seit der Erfindung des Rads, nutzen die Menschen die Räder auch zum Spiel. Schon die alten Römer kippten ihre Streitwagen um und spielten mit den Rädern.

Material: 1 Fahrrad
Alter: ab 5 Jahren

Die Kinder kippen ein Fahrrad um, so dass es auf Sattel und Lenker steht.
Jedes Kind merkt sich eine besondere Fahrradspeiche, z. B. die mit dem Ventil, die am orangefarbenen Seitenstrahler oder die am großen Rostfleck.
Der Reihe nach drehen sie das Rad und warten bis es zum Stillstand gekommen ist.
Das Kind, dessen ausgewählte Speiche am nächsten am Dynamo stehen bleibt, hat die Runde gewonnen.

Fahrradjagd

Dieses wilde Aktionsspiel ist für eine Gruppe von Kindern gedacht, die geübt im Fahrradfahren sind.

Material: 1 Fahrrad pro Kind, je 1 Rolle braunes und gelbes Klebeband
Alter: ab 6 Jahren
Ort: große freie Fläche

Die Kinder bilden zwei Gruppen.
Die Spielleitung klebt den Kindern der ersten Gruppe einen langen Streifen braunes und den Kindern der zweiten Gruppe gelbes Klebeband auf den Rücken.
Beide Gruppen verteilen sich mit ihren Fahrrädern auf der großen Fläche.
Sobald die Spielleitung das Startzeichen gibt, versuchen alle SpielerInnen, die Klebebänder der gegnerischen Gruppe abzureißen.
Dabei jagen sie auf dem Fahrrad hinter den SpielerInnen der gegnerischen Gruppe her.

Wagenrad-Mühle

Ein Sandspiel für zwei, das dem klassischen Mühle-Spiel ähnelt.

Material: Stock oder Ast, 3 helle und 3 dunkle Steine
Alter: ab 8 Jahren
Anzahl: 2 SpielerInnen
Ort: weicher Sandboden

Vorbereitung

Mit dem Stock oder Ast einen Kreis in den Sand zeichnen, der etwa zwei große Schritte Durchmesser hat.
Den Kreis mit vier Linien – ähnlich wie eine Torte – in acht gleich große Segmente unterteilen. So sieht der Kreis wie ein Wagenrad aus.
An den Schnittstellen der Linien mit dem Kreis und im Mittelpunkt des Kreises entstehen neun Spielpunkte.
Das eine Kind erhält die hellen, das andere die dunklen Steine.

Spielverlauf

Das erste Kind setzt einen Stein auf einen der neun Spielpunkte.
Dann setzt das andere Kind einen Stein auf einen anderen.
Sie wechseln sich immer ab.
Jedes Kind versucht, drei Steine in einer Linie auf die drei Schnittpunkte einer „Radspeiche" zu legen und so eine „Mühle" zu bilden, während das andere dies mit dem Setzen seiner Steine verhindert.
Sind alle Steine gesetzt, darf entlang der Linien gezogen werden.
Das erste Kind, dem eine Mühle gelingt, hat gewonnen.

Papierpusten

Die Chinesen erfanden im 1. Jt. v. chr. Zt. das Papier. Papier eignet sich nicht nur dazu, um darauf zu schreiben. Wir können mit Papier auch Spiele erfinden, z.B. das Papierpusten.

Material: 1 Bogen Papier DIN A4 pro Kind, 1 Schere, 1 Bleistift, 1 freie Wandfläche
Alter: ab 3 Jahren

Die Gruppenleitung malt jedem Kind mit Bleistift einen Kreis von etwa 10 cm Durchmesser auf das Blatt Papier.
Die Kinder schneiden den Kreis an den vorgezeichneten Rändern aus.
Die Kinder platzieren sich nebeneinander vor der freien Wand. Sie drücken den Papierkreis gegen die Wand und pusten nach dem Loslassen aus voller Kraft dagegen.
Das Papier wird von der Puste an der Wand gehalten.
Gewonnen hat das Kind, dessen Papier durch ausdauerndes Pusten am längsten an der Wand haften bleibt.

Tipp
In einer Gesprächsrunde tauschen sich die Kinder darüber aus, ob und welche Spiele sie kennen, für die die SpielerInnen nichts anderes als Papier benötigen.

Papiertiere

Für alle Kleinen, die Papier noch nicht zum Schreiben nutzen können, eignet sich diese Aktivität. Aus gerissenen Papierfetzen werden lustige Tiere.

Material: alte Zeitungen oder Zeitschriften, 1 Karton DIN A3 und 1 Klebstift pro Kind
Alter: ab 3 Jahren

Die Kinder reißen die alten Zeitungen in Stücke unterschiedlicher Größe.
Mit dem Klebstift kleben sie die Papierfetzen zu einem großen Tier auf den Karton. Dabei können sich die Schnipsel in einen Elefanten, ein Nashorn, einen Dinosaurier oder eine Giraffe verwandeln.

Papierschöpfrahmen

Um Papier herzustellen, kochten die Chinesen klein geschnittenen und in Wasser eingeweichten Bambus und schöpften den Brei durch ein Sieb mit Holzrahmen.

Material: 4 Holzleisten (Größe s. Tipp), wasserfester Klebstoff, Moskitonetz, Nägel, Hammer, Schere
Alter: ab 5 Jahren

Die vier Holzleisten mit dem wasserfesten Klebstoff zu einem viereckigen Rahmen zusammenkleben und gut trocknen lassen.
Moskitonetz in den Maßen des Rahmens zurecht schneiden und auf dem Rahmen festnageln.

Tipp
Die Größe der vier Holzleisten hängt davon ab, wie groß das Innenformat des Schöpfrahmens sein soll. Das Innenformat des Rahmens entspricht der Größe des Papiers, das die Kinder damit herstellen. Soll das selbst gemachte Papier z.B. DIN A4-Format haben, beträgt das Innenformat des Rahmens 21,0 x 29,7 cm.

Papier herstellen

Wie die alten Chinesen können die Kinder ihr Papier selbst herstellen. Sie benötigen einen Holzrahmen und statt des Breis aus Bambus, stellen sie den Brei aus alten Zeitungen her.

Material: 1 Papierschöpfrahmen (s. S. 24), alte Zeitungen, 2 Schüsseln, 1 Stabmixer, heißes und lauwarmes Wasser, 1 Plastikwanne, 1 großer Rührlöffel, Plastikunterlage, 2 Filzplatten (ca. 0,5 cm dick) in der Größe des Rahmeninneren, 1 Nudelholz, evtl. Wäscheleine mit Wäscheklammern
Alter: ab 5 Jahren

Die alten Zeitungen Seite um Seite in Schnipsel reißen.

Zeitungsschnipsel in einer großen Schüssel mit heißem Wasser übergießen und eine Nacht zum Aufweichen stehen lassen.

Papierbrei auf zwei Schüsseln verteilen und mit einem Stabmixer zerkleinern.

Eventuell etwas heißes Wasser hinzufügen, falls der Brei zu fest ist.

Die Plastikwanne halbvoll mit lauwarmem Wasser füllen.

Etwas von dem Papierbrei in das Wasser geben und mit dem Löffel verrühren.

Je fester der auf dem Wasser schwimmende Brei ist, desto fester ist später das selbst gemachte Papier.

Nachdem sich der Brei auf der Wasseroberfläche abgesetzt hat, den Schöpfrahmen unter den Brei heben und vorsichtig mit dem Brei zusammen aus dem Wasser herausnehmen.

Wasser abtropfen lassen.

Den Schöpfrahmen auf die Plastikunterlage und die Filzplatte auf den Rahmen legen.

Rahmen mit Filzplatte wenden.

Durch leichtes Klopfen gegen den Rahmen, den Brei vom Netz lösen.

Auf den Brei, der auf der Filzplatte liegt, die zweite Filzplatte geben.

Mit dem Nudelholz mehrmals darüber rollen, bis alles restliche Wasser aus dem Papier getropft ist.

Zum Trocknen das Papier auf die Heizung oder in die Sonne legen oder an einer Wäscheleine aufhängen.

FILZPLATTE

OBERE FILZPLATTE

Betörendes Parfüm

Die alten Ägypter stellten schon im Jahr 1500 v. chr. Zt. Parfüm aus verschiedenen Pflanzen und Ölen her.

Material: Blütenblätter einer Rose, 1 Schüssel, lauwarmes Wasser, 1 Tuch zum Abdecken, 1 kleines Sieb, 1 Trichter, 1 Rührlöffel, 1 Glasfläschchen mit Stöpsel oder Flakon
Alter: ab 3 Jahren

Blütenblätter einer Rose sammeln und in eine Plastikschüssel geben.
Etwas lauwarmes Wasser darüber schütten, mit einem Tuch abdecken und einige Stunden stehen lassen.
Zwischendurch immer mal wieder umrühren.
Den Sud durch ein kleines Sieb und einen Trichter in einen Flakon füllen.

Sandförmchenseife

Selbst gemachte Seife ist ein tolles Geschenk. Füllen die Kinder die Seife in ein Plastiksandförmchen z.B. mit der Form eines Sterns oder Seepferdchens, bekommt die Seife zudem eine originelle Form. Damit Seife schön geschmeidig ist, haben die Menschen früher das Öl aus dem Fleisch toter Wale für die Herstellung benutzt. Diese ölartige Substanz nennt man Walrat. Weil Wale aber vom Aussterben bedroht sind, ist das Verwenden von Walrat inzwischen in Deutschland verboten. In den Apotheken gibt es Walratersatz, der künstlich hergestellt wird.

Material: 1 Stück Kernseife oder mehrere kleinere Stücke Seifenreste, Küchenreibe, 1 Stück synthetisches Walrat bzw. Walratersatz (Apotheke), 1 kleiner Topf, 1 großer Topf, Wasser, 1 TL Honig, einige Spritzer Zitronensaft, Pflanzenfarbstoffe (z.B. ein paar Spritzer Rote-Beete-Saft oder eine Prise Safranpulver), ein paar Tropfen Duftöl (z.B. Orangenöl, Zitronenöl oder Rosenöl), Plastiksandförmchen
Alter: ab 4 Jahren

Das Stück Kernseife und den Walratersatz mit der Küchenreibe in den kleinen Topf reiben.
Den großen Topf zu einem Drittel mit Wasser füllen.
Den kleineren Topf in das Wasserbad stellen und auf dem Herd erhitzen, aber nicht zum Kochen bringen.
Unter ständigem Umrühren Honig, Zitronensaft, Farbstoff und Duftöl dazugeben.
Den noch warmen Seifenbrei in ein Sandförmchen füllen und abkühlen lassen.
Nach dem Abkühlen stürzen – fertig ist die schöne Seife.

Webrahmen aus Pappe

Um das Prinzip eines Webrahmens kennen zu lernen, bedarf es keiner komplizierten Ausrüstung. Aus einem Stück Pappe und einem langen Faden bauen die Kinder sich einen einfachen Webrahmen.

Material: 1 Stück feste Pappe (ca. DIN A5), Schere, 2 m langer weißer Faden, Wollnadel
Alter: ab 4 Jahren

Am oberen und unteren Rand der Pappe im Abstand von ca. 0,5 cm kleine Kerben mit der Schere einschneiden.
Weißen Faden auf die Wollnadeln ziehen.
Den Anfang des Fadens um die äußere untere Kerbe spannen und fest verknoten.
Den Faden, der Kettfaden heißt, von unten nach oben und um die Kerben herum und wieder nach unten spannen.
Das Ende ebenfalls fest verknoten.

Wir weben etwas

Mit dem selbst gebastelten Webrahmen aus Pappe weben die Kinder ein kleines Stück Stoff, z.B. als Teppich für die Puppenstube, als Untersetzer für ein Saftglas oder eine Blumenvase.

Material: Webrahmen aus Pappe (s. linke Spalte), Wollreste, dicke Wollnadel oder Webnadel, grober Kamm
Alter: ab 5 Jahren

Wolle durch die dicke Wollnadel oder die Webnadel ziehen und am Ende einen Knoten machen.
Die Nadel abwechselnd über und unter die gespannten Fäden (Kettfäden) ziehen und den durchgezogenen Wollfaden am Ende mit dem Kamm an die unterste Kante drücken.
Auf diese Weise können die Kinder ein Stück Stoff von der unteren Kante bis hoch zur oberen Kante weben.
Zum Schluss den Stoff vorsichtig von der Pappe lösen.

KETTFADEN

Bunte Kreationen mit Stoffmalfarbe

Stoffmalfarbe ist leicht herzustellen. Die Kinder benötigen dafür nur Schulkleber und Farbpigmentpulver. Mit der selbst gemachten Stoffmalfarbe können sie alte oder neue T-Shirts bunt bemalen.

Material: für 1 Glas Farbe: 1 Tasse Schulkleber, 1 TL Pigment-Pulver in der gewünschten Farbe (Bastelgeschäft), 3 EL lauwarmes Wasser; 1 kleiner alter Holzlöffel, 1 leeres Marmeladenglas mit Schraubverschluss, Pinsel, T-Shirts (oder Bettlaken, einfarbiger Stoff, der nicht mehr gewaschen werden muss), alte Zeitungen (um den Arbeitsplatz abzudecken), Bügeleisen
Alter: ab 6 Jahren

Herstellung der Stoffmalfarbe

Den Arbeitsplatz mit alten Zeitungen ausreichend abdecken.
Kleber und Pigment-Pulver in das Marmeladenglas füllen und mit 3 EL lauwarmem Wasser anrühren.
Mit dem Holzlöffel gut verrühren.
Fertig ist die Stoffmalfarbe!
Auf dieselbe Weise rühren die Kinder verschiedene Pigment-Pulver zu verschiedenen Farben an, z.B. Rot, Blau, Grün und Gelb.
Sie füllen jede Farbe in ein eigenes Glas.

Malen mit der Stoffmalfarbe

Mit Pinseln bemalen die Kinder T-Shirts, alte weiße Bettlaken oder einfarbigen Stoff.

Fixieren

Nach dem Bemalen wird die Farbe durch Bügeln fixiert. Dafür den bemalten Stoff auf der linken Seite bei mittlerer Hitze bügeln.

Tipp
Damit Stoffmalfarbe und Pinsel möglichst lange halten, nach dem Malen die Gläser gut verschließen und Löffel und Pinsel gut auswaschen!

Gummidruck

Aus einem einfachen Radiergummi schnitzen die Kinder einen hübschen Stempel, mit dem sie, je nach Farbe, z.B. Stoff bedrucken können. Mit verschiedenen Stempeln und unterschiedlichen Motiven und Farben erhält ein altes T-Shirt neuen Charme.

Material: 1 helles Radiergummi, 1 Bleistift, 1 Schnitzmesser oder Cutter, Stoffmalfarbe (s.o.), Pinsel, Stoffreste, zu bedruckender Stoff (z.B. 1 altes T-Shirt, Tischdecke, Deckchen), Pinsel, alte Zeitungen zum Abdecken der Arbeitsfläche
Alter: ab 7 Jahren (mit Variante ab 4 Jahren)

Mit dem Bleistift die Umrisse z.B. einer Blume, eines Kreises oder eines Dreiecks auf die eine Fläche des Radiergummis zeichnen.
Mit dem Cutter oder dem Schnitzmesser so ausschnitzen, dass die Umrisse plastisch werden.

Drucken

Arbeitsfläche mit alten Zeitungen abdecken. Pinsel in die gewünschte Stoffmalfarbe tunken und den Gummistempel damit bepinseln. Stempel vorsichtig auf den Stoff drücken. Die Spielleitung regt die Kinder dazu an, verschiedene Muster beim Drucken auszuprobieren, z. B. eine Blume oder ein großes Quadrat.

Tipp

Aus alten Bettlaken oder einfarbigen Stoffresten lassen sich mit dem Stempeldruck schöne Tischdecken oder Deckchen herstellen.

Variante für Kinder ab 3 Jahren

Die Arbeitsfläche mit alten Zeitungen abdecken. Die Kinder tragen die Stoffmalfarbe auf eine der schmalen Seiten des Radiergummis auf. Mit dieser einfachen Form lassen sich viele bunte Muster auf den Stoff auftragen.

Nofretetes Zahlenspiel

Die alten Ägypter liebten dieses Zahlenspiel, das zwei Spieler mit ihren Händen spielen. Je schneller es gespielt wird, desto spannender ist es.

Material: 1 Hand pro Spieler
Alter: ab 6 Jahren

Die beiden SpielerInnen setzen sich auf den Boden einander gegenüber und strecken sich ihre rechte Hand als Faust entgegen.
Ein Kind gibt das Startkommando, beide rufen gleichzeitig eine Zahl und strecken dabei eine beliebige Anzahl ihrer Finger aus. Sie sollen dabei erraten, wie viele Finger sie zusammen ausgestreckt haben.
Hat das eine Kind z. B. drei Finger ausgestreckt und das andere zwei, dann hat dasjenige gewonnen, das „5" gerufen hat.
Haben beide SpielerInnen falsch geraten, ist die Runde unentschieden.
Für jede gewonnene Runde gibt es einen Punkt. Wer nach 10 oder 15 Runden die meisten Punkte erlangt hat, hat das Spiel gewonnen.

Sekunden, Minuten und Stunden

Auch die Zeit musste erst entdeckt werden

Alles hat einen Anfang und ein Ende. Das, was zwischen Anfang und Ende liegt, nennen wir Zeit. Zeit verrinnt unaufhaltsam. Alles befindet sich stets in Bewegung. Um das zu erkennen, brauchen wir uns nur einmal in unserer Umgebung umzusehen. Wir erleben den Jahreszeitenwechsel, wie die Kinder größer werden, wie sich Gegenstände abnutzen und wie wir alle mit jedem Jahr älter werden. Wie die Zeit vergangen ist, erkennen wir z. B. anhand alter Fotos und an Dingen von früher, die wir aufgehoben haben. Das Phänomen „Zeit" hat die Menschen schon seit jeher fasziniert und beschäftigt. Und sie wollten v. a. eines: die Zeit messen. Daher teilten sie die Zeit in Einheiten auf. Sie erfanden Jahr, Monat, Woche, Tag, Stunde und Sekunde. Bevor die Menschen die mechanische Uhr entwickelten, gab es Sonnen- , Wasser- und Sanduhren, um die Zeit zu messen. Zuerst beobachteten sie die Sonne und stellten fest, dass sich der Sonnenschatten hilfreich bei der Messung von Zeit erweist. Wie lange eine Minute oder eine Sekunde ist, spielte damals im Leben der alten Griechen und Ägypter noch keine große Rolle, deshalb war es auch nicht schlimm, dass Sonnenuhren nicht so genau sind.

Die alten Ägypter benutzten zur Messung der Zeit so genannte Wasseruhren. Sie beruhen auf einem einfachen Prinzip: Von einem bestimmten Abstand aus tropfen Wassertropfen in ein Gefäß hinein. Hat sich das Gefäß mit Wasser gefüllt, ist eine bestimmte Zeitspanne vorbei. Sie funktionieren also nicht anders als ein tropfender Wasserhahn. Weil Wasser bei großer Hitze und nach langer Zeit verdunstet, eignete sich die Wasseruhr jedoch nur für das Messen von kurzen Zeitspannen.

Die erste mechanische Uhr stammt aus dem Mittelalter, dem Jahre 1322. Diese mechanischen Uhren waren aber längst nicht so handlich wie unsere heutigen Taschen- und Armbanduhren. Sie waren groß und schwer und zum Herumtragen überhaupt nicht geeignet. Deshalb bauten die Menschen sie zunächst in Kirchtürme ein, damit möglichst viele Leute die Zeit ablesen konnten. Erst mit der Ausdehnung und Erweiterung der Handwerkskunst gelang es, leichtere und praktischere Uhren herzustellen. Solche Uhren stellten zunächst Schmiede, Schlosser oder Kannengießer her, also alle, die mit der Verarbeitung von Metall zu tun hatten.

Im Jahre 1338 verschickten die Europäer erstmals eine mechanische Uhr mit einem Schiff von Venedig nach Delhi. Es sprach sich schnell in anderen Ländern herum, dass die Europäer solche Uhren herstellen konnten. So entstanden große Uhrenproduktionszentren in den Städten Augsburg, Nürnberg, aber auch in Paris, London und Genf. Diese Uhren waren natürlich sehr teuer und nur wenige reiche Menschen konnten sie sich leisten.

Die erste Taschenuhr entwickelte der Nürnberger *Peter Henlein* etwa 200 Jahre später um 1510 n. chr. Zt.

Eine bedeutende Rolle für die Zeit spielte übrigens die Erfindung der Eisenbahn, denn als die Menschen begannen, ihre Umgebung zu verlassen und an andere Orte der Welt zu reisen, benötigten sie auch genaue Uhrzeit. Und v.a. musste die Uhrzeit überall gelten. Deshalb versuchten die Menschen, eine weltweit gültige Zeiteinheit zu finden. Sie teilten den Tag in 24 Stunden ein. Das beeinflusste wiederum die Einteilung der Länder in 24 Zeitzonen jeweils um eine Stunde versetzt. Heute ist überall auf der Welt die Zeit festgelegt. Dass ein Tag 24 Stunden hat, ist übrigens einmal einfach willkürlich von den Babyloniern festgelegt worden. Wir könnten nämlich auch den Tag in 20 Stunden einteilen, wobei jede Stunde 72 Minuten umfasst. Die Babylonier benutzten zum Rechnen das Sexagesimalsystem, in dem die Zahlen 6, 24, 60 und 600 eine bedeutende Rolle spielten. Und nur deshalb hat der Tag 24 Stunden.

Hier und Jetzt und Morgen

Am nächsten Tag sagte der blaue Stern zu dem kleinen roten: „Heute zeige ich dir etwas, das dir sicher zunächst sehr fremd erscheinen wird. Aber es ist wichtig. Es ist fast das Wichtigste in einem Menschenleben. Nichts bestimmt das Leben eines Menschen mehr als das."

„Sag' schon, was ist es denn?", fragte Seren ungeduldig und gespannt.

Die Antwort des blauen Sterns war knapp: „Zeit".

Zeit? Seren erinnerte sich. Sie hatte bereits einige dieser Zeitwörter gehört: Zeitalter, Zeitung, Zeitgenosse, Hochzeit, Mahlzeit. Aber was war das denn jetzt genau, die Zeit?

Der blaue Stern wurde ernst: „Zeit ist der Ablauf eines Geschehens, wenn sich Dinge ereignen. In einem Menschenleben hat alles einen Anfang und ein Ende. Das, was dazwischen liegt, nennen die Menschen ‚Zeit'."

Seren spürte, dass es sich um eine wirklich wichtige Sache handeln musste, die die Menschen da entdeckt hatten. Aber so richtig konnte sie sich das trotzdem nicht vorstellen. „Zeigst du mir die Zeit?", bat sie den blauen Stern. „Mhhh", der blaue Stern dachte nach. „Ja, weißt du, so direkt kannst du sie gar nicht sehen. Du stellst nur immer im Nachhinein fest, dass sie vergangen ist." Aurad überlegte. Was könnte er Seren zeigen, damit sie erfahren würde, was Zeit bedeutet? Da hatte er eine Idee. „Komm' mit mir. Ich zeige dir die Zeit!"

Kurz darauf glitten die beiden Sterne langsam über die Ozeane und die Kontinente hinweg. Schließlich erreichten sie einen großen Berg. Seren und Aurad schwebten bis an die Spitze des Berges und genossen die wunderbare Aussicht ins Tal. Was es hier alles zu sehen gab! Riesige grüne Wiesen, auf denen ein paar Kühe standen. Die Bienen summten, die Vögel zwitscherten. Hunderte von verschiedenen Blumen in den prächtigsten Farben blühten. Hoch gewachsene Bäume, unter deren Schatten sich die Kühe vor der Mittagshitze geflüchtet hatten. In der Ferne war das leise Plätschern eines Baches zu hören.

Ein Menschenpaar saß auf der Wiese und genoss die Sommerwärme. Seren gefiel es hier. „Schön!", bemerkte sie. „Hier bleiben wir!", bestimmte der blaue Stern. Seren hatte nichts dagegen, aber wollte der blaue Stern ihr nicht die Zeit zeigen? War die Zeit hier irgendwo zu sehen? „Wo ist die Zeit?", fragte sie. „Warte ein wenig! Dann wirst du sie spüren!", versprach der blaue Stern. So wartete sie. Und wartete. Es vergingen ein paar Tage. Es vergingen ein paar Nächte. Es vergingen Wochen. „Lass' mich nicht so lange warten!", nörgelte der kleine rote Stern eines Morgens. „Du wolltest mir die Zeit zeigen. Und was ist passiert? Nichts!" Der blaue Stern deutete auf den Berg, auf die Wiese und die Kühe. Ja, Seren sah es jetzt. Es hatte sich etwas verändert. Irgendwie war es auch viel kühler. Der Wind drückte die Bäume fest zur Seite, dass sie sich krümmten. Blätter fielen herunter und wurden durch die Luft gewirbelt. Auch hatte die Farbe der Blätter gewechselt.

Sie waren nicht mehr grün, sondern gelb, rot und einige sogar braun. Vogelschwärme zogen kreischend am Himmel entlang. „Es ist Herbst geworden", sagte der blaue Stern. „Zeit ist vergangen und alles hat sich verändert." Seren verstand. Auf der Erde war alles ständig in Bewegung. Alles, was begonnen hatte, veränderte sich unentwegt. Jeder Augenblick verging.

Einige Wochen später konnte sie beobachten, wie die Bäume keine Blätter mehr hatten. Die Wiese war bedeckt mit einer weißen frostigen Schicht aus Schnee. Die Kühe lagen nicht mehr faul auf der Wiese herum, sondern der Bauer hatte sie in den Stall getrieben. Das Rauschen des Baches war nicht mehr zu hören. Er war zugefroren. Auch die Bienen waren fort und es waren keine Blumen mehr zu sehen. Seren wurde traurig. „Kann man denn Zeit nicht festhalten?", fragte sie den blauen Stern. Würde etwa alles aufhören und vergehen? Was war mit ihr und dem blauen Stern? Es würde der Tag kommen, an dem sie die Erdumlaufbahn wieder verlassen müssten. Sterne können nicht so nah an der Erde sein. Sie dachte an Delta und Lamda. Schade, dass die beiden nicht dabei sein konnten. Aber sie würde ihnen von allem berichten, was sie gesehen und erlebt hatte. Ob eine Rückkehr an ihren Sternenplatz ein Abschied vom blauen Stern bedeutete? Oh, darüber mochte sie gar nicht gerne nachdenken. Inzwischen hatte sie den blauen Stern unglaublich lieb gewonnen.

Wenn er nicht mehr da wäre ... nein, das wollte sie sich lieber nicht vorstellen! Für die Menschen war jede Begegnung immer auch der Anfang einer Trennung. Kein Augenblick, den die Menschen erlebten, würde sich in genau derselben Art und Weise wiederholen. Doch bevor Seren in ihrer Traurigkeit versinken konnte, stupste sie der blaue Stern an: „Schau', der Winter ist vorüber. Es wird Frühjahr. Der Jahreszeitenkreislauf beginnt von vorne!" Die Bäume trugen Knospen, aus denen die Blätter sprießen werden. Das Eis war geschmolzen. Das Rauschen des Baches war wieder zu hören. Vereinzelt hörte Seren die Vögel singen und der Bauer trieb die faulen Kühe auf die Wiese.

Wie lang dauert eine Minute?

Bei diesem Experiment geht es darum, dass die Kinder Zeitgefühl entwickeln. Wie lange dauert wohl eine Minute, wenn einem keine Uhr die Zeit verrät?

Material: Wecker mit Sekundenzeiger
Alter: ab 5 Jahren

Alle Kinder, die Uhren bei sich tragen, geben diese bei der Spielleitung ab.
Gemeinsam lauschen die Kinder dem Ticken des Weckers und verfolgen dabei das Verstreichen einer Minute.
Anschließend bilden die Kinder zwei Gruppen. Die Spielleitung gibt das Startzeichen und die erste Gruppe verlässt den Raum mit der Aufforderung erst nach einer Minute wieder hereinzukommen.
Die andere Gruppe verfolgt am Wecker, wann die Minute verstrichen ist und wann die Kinder, die die Minute draußen nur ‚erfühlen' konnten, zurückkehren.
Dann kommt die andere Gruppe dran.
Abschließend wird diskutiert, wie die Kinder die Zeitspanne empfanden, ob sie ihnen lang oder kurz erschien, um wieviel Zeit sie sich verschätzt haben etc.

Das Zeit-Spiel

Bei diesem Spiel schätzen die Kinder ihr eigenes Zeitgefühl und den Zeitaufwand verschiedener Aktivitäten.

Material: 1 Würfel, Stoppuhr, 1 Luftballon, 1 Paar Handschuhe, Schal und Mütze, 1 kleines Puzzles, 1 Glas Wasser
Alter: ab 7 Jahren

Die Kinder setzen sich in an einen großen Tisch und würfeln der Reihe nach im Uhrzeigersinn. Hat ein Kind eine Sechs gewürfelt, darf es sich eine der folgenden Aktivitäten aussuchen:

◆ einen Luftballon aufblasen
◆ 1 Paar Handschuhe, Schal und Mütze anziehen
◆ ein kleines Puzzles machen
◆ ein Glas Wasser trinken

Bevor es die Tätigkeit ausführt, schätzt es den Zeitaufwand, den es dafür benötigt.
Die Spielleitung notiert die Schätzung und gibt das Startzeichen.
Das Kind führt nun die gewählte Aktivität aus, während die Spielleitung dabei die Zeit stoppt und den tatsächlich erbrachten Zeitaufwand ebenfalls notiert.
Anschließend wird wieder gewürfelt, bis jedes Kind möglichst einmal an der Reihe war.
In der anschließenden Gesprächsrunde diskutiert die Gruppe folgende oder ähnliche Fragen:

◆ Für welche der durchgeführten Aktivitäten haben die Kinder die meiste Zeit benötigt?
◆ Welche Aufgabe hat die wenigste Zeit in Anspruch genommen?
◆ Bei welchen Aktivitäten haben die Kinder vorher die Zeit richtig geschätzt?
◆ Bei welcher Aufgabe unterschied sich die geschätzte Zeit von dem tatsächlichen Zeitaufwand besonders und was könnte der Grund für diese Differenz sein?

Variante
Mehrere Kinder führen die unterschiedlichen Aktivitäten in einer Minute aus.
Ein Puzzle in einer Minute zu legen empfinden die Kinder anders als ein Glas Wasser in einer Minute auszutrinken. Jedes Kind berichtet anschließend davon, wie es die Zeit während seiner Tätigkeit empfunden hat.

Sanduhr aus Marmeladengläsern

Aus zwei Marmeladengläsern lässt sich eine einfache Sanduhr herstellen. Mit Hilfe einer Stoppuhr ermitteln die Kinder, wie viel Sand sie für eine bestimmte Zeit benötigen.

Material: 2 leere Marmeladengläser gleicher Form und Größe mit Deckel, Leim, Hammer, 1 Nagel, Sand
Alter: ab 6 Jahren

Die Deckel der beiden Marmeladengläser an den Außenflächen zusammenleimen.
Mit Hammer und Nagel in die Mitte der Decke ein Loch schlagen.
Eine bestimmte Menge Sand in eines der beiden Gläser füllen.
Die zusammengeklebten Deckel so auf die Gläser schrauben, dass eines der Gläser auf einer Fläche stehen kann, während das zweite dabei auf dem Kopf steht.
Anschließend mit einer Stoppuhr die Zeit messen, die der Sand benötigt, um von dem oberen Glas in das untere zu fließen.

Eine einfache Sonnenuhr bauen

Die Ägypter entdeckten, dass der Wechsel von Tag und Nacht davon abhängt, wie die Sonne zur Erde steht. Sie fanden zudem heraus, dass der Schatten eines Obelisken, wenn er am kürzesten ist, immer in die gleiche Richtung fällt, egal zu welcher Jahreszeit. Nach diesem Prinzip bauten sie die ersten Sonnenuhren Mitte des 2. Jt.s v. chr. Zt.

Eine exakte Sonnenuhr zu bauen ist ein äußerst schwieriges Projekt und bedarf einiger Vorkenntnisse in Mathematik. Um aber schon kleinen Kindern die Funktionsweise einer Sonnenuhr näher zu bringen, reichen ein einfacher Pflock und viel Sonnenschein aus!

Material: 1 Pflock oder gerader Ast (ca. 1 m hoch), Kompass, verschiedene glatte Steine, Filzstift, Armbanduhr, Eieruhr
Alter: ab 6 Jahren
Ort: Wiese

Auf einer Wiese suchen sich die Kinder eine freie Fläche.

Ein paar Kinder halten den Pflock fest und stecken ihn in die Erde.

Mit Hilfe des Kompass ermitteln sie die Himmelsrichtung ‚Norden' und neigen den Pflock etwas in diese Richtung.

Die Stelle, an der der Pflock seinen Schatten auf die Erde wirft, markieren die Kinder mit einem Stein.

Ein Kind stellt immer wieder die Eieruhr, damit sie jede halbe Stunde klingelt.

Gemeinsam schauen die Kinder halbstündlich nach der genauen Uhrzeit, die ein anderes Kind mit dem Filzstift auf den Stein schreibt und an die entsprechende Stelle legt.

Später beobachten die Kinder, dass sich der Schatten des Pflocks etwas verschoben hat.

Wieder markieren sie mit einem Stein den Schatten, ermitteln die Uhrzeit und schreiben sie auf den Stein.

Diesen Vorgang wiederholen sie entweder halbstündlich oder stündlich und haben so am Schluss eine Sonnenuhr.

Wie die Zeit verrinnt

Wir alle beobachten, dass sich Dinge und Lebewesen stetig verändern. Alles ist dem Lauf der Zeit unterworfen. Schon sehr kleinen Kindern können wir verdeutlichen, wie sie sich selbst im Laufe der Zeit verändern, indem sie z.B. wachsen. Es lohnt sich, diese Aktion über einige Monate mit den Kindern durchzuführen. Auf diese Weise erleben sie, wie sie im Fluss der Zeit ihre Körpergröße verändern.

Material: 1 bunter Kartonstreifen ca. 1, 30 m hoch und 20 cm breit, 4 Heftzwecken, Bleistift, Lineal, Zollstock, eine hölzerne Wäscheklammer pro Kind, Filzstifte
Alter: ab 3 Jahren

Vorbereitung

Die Gruppenleitung befestigt den in den angegebenen Maßen zurechtgeschnittenen Kartonstreifen senkrecht an einer freien Wand, so dass das untere Ende des Kartons an der Fußleiste anliegt.
Jedes Kind bemalt seine Wäscheklammer mit Filzstiften. Eventuell lässt sich jedes Kind von der Gruppenleitung den Namen auf die Klammer schreiben.

Durchführung

Die Gruppenleitung legt einen Zeitrahmen fest, in dem die Kinder gemessen werden, z.B. alle 14 Tage oder einmal im Monat.
Der Reihe nach stellt sich jedes Kind mit dem Rücken an die Wand, an der der Kartonstreifen befestigt ist.
Die Gruppenleitung legt am Kopf des Kindes waagerecht das Lineal an und macht mit dem Bleistift eine Markierung auf den Kartonstreifen. Sobald das Kind sich von der Wand entfernt hat, misst die Gruppenleitung mit dem Zollstock den Abstand von der Markierung zum Boden. Die gemessene Länge entspricht der Körpergröße des Kindes.

Mit dem Bleistift notiert die Gruppenleitung die Maße, den Namen des Kindes und das aktuelle Datum über die Markierung.

Das jeweilige Kind klemmt nun seine Wäscheklammer an die Stelle der Markierung. Nachdem die aktuelle Größe aller Kinder auf dem Kartonstreifen notiert ist, erkennen die Kinder anhand ihrer Klammern, wie groß sie im Moment und im Vergleich zu den anderen Kindern sind.

Beim nächsten vereinbarten Treffen können die Kinder sicherlich ihre Klammer auf dem Streifen weiter nach oben schieben.

Im Fluss der Zeit

Diese Anregung ist eine Variante von „Wie die Zeit verrinnt" (s. S. 37) für ältere Kinder. Um das Bewusstsein der Kinder für das Verstreichen der Zeit zu schärfen, beobachten sie über einen festgelegten Zeitraum, wie sich z.B. Blumen oder Obst verändern.

Material: Schale Obst (Äpfel, Zitronen, Orangen), Blumenstrauß, Vase, Schreibzeug, Fotoapparat, Film, Fotokarton, Klebestift
Alter: ab 6 Jahren

Zu einem vereinbarten Tag bringen die Kinder Blumen und Obst mit und legen fest, diese Objekte über einen Zeitraum von 14 Tagen genau zu beobachten.
Sie legen das Obst in eine Schale und stellen es an einen bestimmten Platz im Gruppenraum. Neben das Obst stellen sie die Vase mit den Blumen.
Die Kinder machen ein Foto von den Objekten und notieren auf einem Blatt Papier das genaue Datum.
Das wiederholen die Kinder jeden Tag bis sich nach 14 Tagen Obst und Blumen sicherlich stark verändert haben.

Nach 14 Tagen
Den Film entwickeln und Abzüge der Fotos machen lassen.
Die Fotos chronologisch auf den Fotokarton kleben.
Unter jedes Foto das Datum schreiben.
Den Karton mit den Fotos aufhängen und in einer Gesprächsrunde diskutieren, wie sich die Objekte verändert haben.

Ein Tag in meinem Leben

Unser Alltag wird von der Zeit bestimmt. Ohne eine funktionierende Uhr kommen wir in unserer modernen Gesellschaft kaum zurecht. Die wenigsten Menschen beginnen den Tag, ohne von einem Wecker geweckt zu werden. Was machen wir zu bestimmten Uhrzeiten? Die Kinder schreiben an einem vereinbarten Tag alles auf, was sie an diesem Tag zu verschiedenen Zeiten tun, und erkennen auf diese Weise zeitliche Abläufe.

Material: Uhr, Stift und Papier, evtl. Buntstifte
Alter: ab 7 Jahren

Die Kinder führen an einem vereinbarten Datum stets Papier und Schreibzeug sowie eine Uhr mit sich.
Wenn sie z.B. um 7 Uhr geweckt werden und aufstehen, notieren sie dies ebenso, wie die Zeit, in der sie zum Spielen draußen sind oder die sie für das Mittagessen benötigen.
Wer möchte, kann seinen Tagesablauf malen.
Am nächsten Tag berichten die Kinder sich gegenseitig von ihren Tagesabläufen und vergleichen sie miteinander.

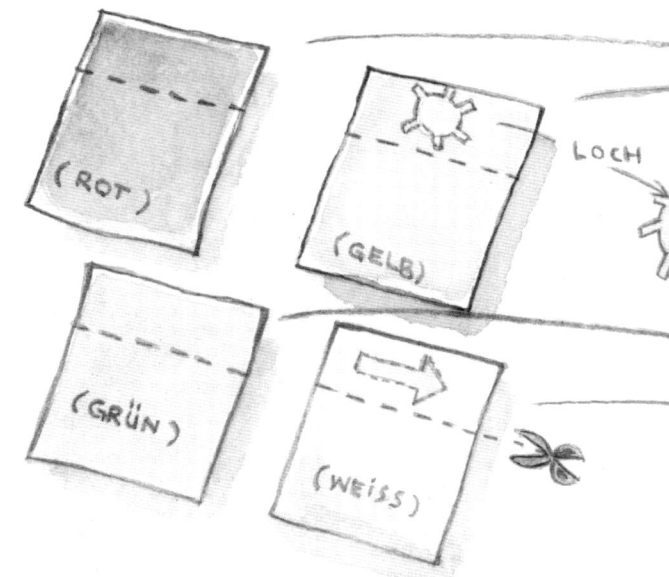

Jahreszeiten-kalender

Die Jahreszeiten sind den meisten Kindern schon gut bekannt. Aus buntem Karton und alten Zeitschriften lässt sich ein schöner Jahreszeitenkalender basteln.

Material: 1 grauer Tonkarton DIN A2, je 1 DIN A4-Tonkarton in den Farben grün, gelb, rot und weiß, 1 Nagel oder Lochzange, 1 Heftklammer, Klebstoff, Schere, alte Zeitschriften, Buntstifte oder Wachsmalkreiden
Alter: ab 4 Jahre

Die bunten Tonkartons in vier gleich große Quadrate schneiden und auf dem grauen Karton zu einem großen Viereck zusammenkleben: das weiße Quadrat links oben, das grüne rechts daneben, das gelbe direkt darunter und das rote Quadrat unten links platzieren.
Aus dem übrigen gelben Karton eine Sonne schneiden.
Auf den restlichen weißen Karton einen Pfeil malen, ausschneiden und mit Wachsmalkreiden bunt bemalen.

Mit der Spitze des Nagels oder der Lochzange ein kleines Loch in die Mitte des Kalenders sowie in die Mitte der ausgeschnittenen Sonne bohren.
Ebenfalls im äußeren Ende des Pfeils, der Spitze entgegengesetzt, ein Loch bohren.
Kalender, Sonne und Pfeil der Reihe nach übereinander legen, so dass die jeweiligen Löcher aufeinander passen.
Die Heftklammer von oben durch alle drei Löcher stecken und hinten umknicken. Darauf achten, dass sie nicht zu stramm sitzt, so dass sich der Pfeil gut verschieben lässt.
Mit einem Stift auf das weiße Feld ein Symbol für „Winter" z. B. eine Schneeflocke malen, auf das grüne z. B. eine Kirschblüte für „Frühling", auf das gelbe eine Sonne für den „Sommer" und auf das rote Feld eine Kastanie für den „Herbst".
Aus Zeitschriften Bilder ausschneiden, die für eine der vier Jahreszeiten typisch sind, und in das jeweilige Jahreszeitenfeld kleben.
So kann z. B. für den Winter Schnee, Weihnachtsbäume und ein Glas heißer Tee typisch sein, für den Frühling Osterglocken und Bäume mit Knospen, für den Sommer badende Kinder und Eiscreme und für den Herbst bunte Blätter oder Herbstlaub.
Der fertige Kalender zeigt nun an der Wand aufgehängt die aktuelle Jahreszeit an, wenn der Pfeil auf das jeweilige Feld gedreht wird.

Köpfe rauchen lassen

Philosophen und ihre Ideen

Sie haben seltsame Namen: Sie heißen *Aristoteles*, *Platon*, *Hegel*, *Kant*, *Nietzsche* oder *Adorno*. Sie sitzen den ganzen Tag am Schreibtisch oder im Café und denken oder schreiben, was das Zeug hält. Was sie schreiben, ist schwer zu verstehen. Sie machen aus allem ein Problem und verbringen dann ihr halbes Leben damit, es zu lösen. Das Wort Philosoph kommt aus der griechischen Sprache und bedeutet so viel wie „der Freund der Wahrheit".

Aristoteles z.B. war ein ganz berühmter Philosoph aus Griechenland. Er lebte vor etwa 2400 Jahren. Das Philosophieren hat er bei Platon gelernt. *Platon*, auch ein griechischer Philosoph, hatte ihm beigebracht, dass es die Welt, in der wir leben, nicht wirklich gibt. Das einzige, was existiert, sind die Ideen, sagte Platon. Auf die Ideen würde man aber nur stoßen, wenn man nachdenke. So ist der, der nachdenkt, jemand der glücklicher ist, als alle anderen, die das nicht tun. Denn nur er, der Philosoph, weiß etwas über das, was wirklich ist: die Ideen. Diese Ideen existieren ohne Zeit. Das bedeutet, dass sie keinen Anfang und kein Ende haben. Sie sind ganz anders als die Welt, in der wir leben. Hier beginnt alles irgendwann und endet irgendwann. Für Platon war die Welt der Ideen ganz getrennt von der, in der wir leben. Fast so, als wenn es keine Verbindung gäbe zwischen beiden Bereichen.

Es ging Aristoteles nicht in seinen Kopf, dass die Welt der Ideen und die Welt der Lebenden, nämlich wir, so gar nichts miteinander zu tun haben sollten. Seine ganze Arbeitskraft steckte er in den Versuch zu zeigen, dass unsere Welt und die Welt der Ideen sehr eng miteinander verbunden sind. Beide Seiten brauchen sich und sind aufeinander angewiesen. Aristoteles kam zu dem Schluss, dass die Idee nicht außerhalb unserer Welt existiere, sondern diese Welt brauche, um sich in ihr zu verwirklichen. Wenn man z.B. darüber nachdenkt, was die Idee eines Baumes ist. Für Platon war ganz klar, dass kein einziger Baum, den wir sehen oder berühren können, etwas mit der Idee des Baums zu tun hat. Jeder einzelne Baum, den wir auf dieser Welt kennen lernen, ist nichts anderes als eine schlechte oder schwache Ausgabe der Idee des Baumes. Jeder Baumstamm, jeder Ast, jeder Zweig und jedes Blatt sei eben nur eines unter vielen besonderen, aber eben nicht der ideale Baumstamm, der ideale Ast, der ideale Zweig oder das ideale Blatt des idealen Baumes. Und wichtiger als jeder einzelne Baum sei eben sein Ideal: der Baum über-

SOKRATES

PLATON

haupt. Aristoteles wollte nicht völlig widersprechen, schließlich war Platon sein Lehrer. Aber er legte auf etwas Wert, auf das Platon anscheinend keinen Wert legen wollte. Die Vorstellung von einem Baum ist, ob wir wollen oder nicht, immer mit den Bäumen unserer Welt verknüpft. Wir können noch so sehr versuchen, einen idealen Baum in unseren Gedanken zu finden, etwas in unseren Gedanken wird immer an die einzelnen Bäume aus unserer Erfahrung erinnern. Also zog Aristoteles deshalb genau den umgekehrten Schluss, den Platon aus seinen Überlegungen gezogen hatte. Die Welt der Ideen ist nicht völlig anders als unsere Welt der Erfahrung, sondern beide sind auf eine schwer zu verstehende Weise miteinander verknüpft oder miteinander verflochten.

Über viele Jahrhunderte hinweg haben die Philosophen genau dieses Problem immer wieder gewälzt. Zu einem abschließenden Urteil, oder sagen wir, zu einem Ende der Diskussion sind sie noch immer nicht gekommen. Im Laufe der Geschichte der Philosophie hat sich zu den Auffassungen von Aristoteles und Platon noch eine ganz andere Meinung herausgebildet, die bis heute eine wichtige Rolle spielt. Diese Philosophen meinten, dass unser ganzes Wissen aus der Erfahrung stammt. Aber besonders auch die Ideen stammen aus der Erfahrung. Alles, was wir wissen, kommt durch unsere Sinne, die Augen, die Ohren, das Berühren, Schmecken und Riechen in unseren Kopf. Ohne die Eindrücke, die wir durch unsere Sinne haben, würden wir nichts über die Dinge in der Welt und über uns selbst wissen. Immer noch stehen sich diese zwei unterschiedlichen Haltungen in dieser Frage gegenüber. Die einen, die an die Eigenständigkeit und den Vorrang der Ideen gegenüber der Wirklichkeit glauben, und diejenigen, die der Auffassung sind, dass die Ideen ohne unsere Welt auch nicht existieren können und deshalb auf sie angewiesen sind. In der Fachsprache heißen die einen Idealisten und die anderen Empiristen.

Die Idealisten finden die Vorstellung von der Wirklichkeit, die in unseren Köpfen steckt, am wichtigsten, und die Empiristen finden die Welt unserer täglichen Erfahrung wichtiger. Das ist nur ein kleines Beispiel dafür, worüber Philosophen den ganzen Tag lang nachdenken. Es sind keine einfachen Fragen, sondern sehr komplizierte, und vielleicht sind es sogar Fragen, auf die es keine befriedigende Antwort geben wird.

ARISTOTELES

Nietzsche

Arendt

Dann sollen es die Philosophen doch lassen, wenn es so schwierig ist, könnte da jemand sagen. Sicher. Nur, wenn wir uns einmal andere Fragen ansehen, die sich Philosophen stellen, dann merken wir schnell: Solche Fragen haben wir uns auch schon einmal gestellt. Zum Beispiel die Frage nach dem Grund, warum es überhaupt etwas gibt. Über viele Jahrhunderte hinweg haben die Philosophen gesagt, der Grund ist Gott. Gott legt fest, wie die Dinge sind oder sein sollen. Die Natur und alles, was es in der Natur gibt, die Stoffe, die Pflanzen, die Tiere. Er hat auch bestimmt, wie wir Menschen sind und das, was uns eben von der Natur unterscheidet. Dieses Besondere des Menschen nennen die Philosophen dann auch häufig das Wesen des Menschen. Die meisten Philosophen haben das Wesen des Menschen darin gesehen, dass er denken oder dass er sprechen kann. Viele Philosophen zogen daraus den Schluss, dass der Mensch im Vergleich mit allen anderen Lebewesen etwas ganz Besonderes ist.

Doch Philosophen wären keine, wenn sie die Meinung eines anderen Philosophen einfach so übernehmen würden. Philosophen streiten gerne und suchen nach Fehlern oder Schwächen in der Meinung anderer. Das nennen sie dann Kritik. Das Wort „Kritik" zählt sicher zu den Wörtern, die von Philosophen am häufigsten verwendet werden. Es bedeutet, dass die Behauptungen, die ein Philosoph aufstellt, genau geprüft werden. Und in der Geschichte der Philosophie blieb praktisch keine Meinung ohne Kritik.

Besonders im 18. Jh. haben die Philosophen die früheren Auffassungen der anderen Philosophen einer genauen Prüfung unterzogen. Sie prüften die allgemeine Vorstellung von Gott, der Natur und den Menschen. Und sie kamen zu dem Schluss, dass vieles davon ihrer Meinung nach falsch war. Diese Phase wird auch „Aufklärung" genannt.

Aufklärung deshalb, weil die Philosophen sich darum bemüht haben, die falschen Vorstellungen durch richtige zu ersetzen. Ein großer Streit war die Frage nach Gott. Hat er die Welt geschaffen oder gibt es eben nur die Natur, aus der alles andere hervorgeht: Pflanzen, Tiere und Menschen? Die Philosophen der Aufklärung haben die Vorstellung, dass Gott die Welt geschaffen hat, immer mehr widerlegt, also als falsch erklärt. Das führte zum Teil so weit, dass sie die Existenz Gottes ganz leugneten.

Es ging aber auch um einen ganz anderen Punkt, der bis heute ein wichtiges Problem in der Philosophie darstellt. Die Frage nach der Freiheit und der Verantwortung des Menschen für sein Leben. Die Philosophen der Aufklärung waren davon überzeugt, dass der Mensch frei ist. Sie meinten damit, dass jeder Mensch über die Fähigkeit verfügt, sein Handeln selbst zu bestimmen. Wichtig war nur zu erkennen, wer und was einen daran hindert, selbstständig zu handeln. So können die eigenen Handlungen von falschen Vorstellungen über bestimmte Dinge oder über sich selbst behindert werden. Oder aber auch von anderen Menschen, die mehr Macht besitzen als man selbst. Die Aufklärung hat sich über die Freiheit des Menschen sehr viele Gedanken gemacht. Zum Teil hat sie sich selbst geirrt und ist kritisiert worden. Aber ein Ergebnis dieser Bemühungen vieler Denker war und ist bis heute, dass es als sehr schlecht angesehen ist, wenn jemand einfach deshalb etwas tut, weil ein anderer es befiehlt.

Selbstverantwortliches Handeln ist in den Grenzen, in denen es möglich ist, eine der bedeutendsten Erkenntnisse der Philosophen gewesen und bis heute geblieben.

Der Mann in der Tonne

Eines Morgens wachte Seren in einer seltsamen Stimmung auf. Nichts erschien ihr so wie noch am Tag zuvor.

„Wieso gibt es überhaupt irgendetwas?", fragte sie, „es könnte doch auch nichts geben!" „Du stellst Fragen!", entgegnete Aurad.

Aber Seren fuhr fort: „Woher kommen die Menschen? Warum gibt es uns Sterne? Wer hat uns erfunden und am Himmel verteilt? Wer hat die Menschen gemacht? Was ist Glück? Und welchen Sinn hat es, Mensch zu sein?"

Der blaue Stern unterbrach Seren: „Halt! Langsam! Das sind zu viele Fragen auf einmal!" Nach einiger Überlegung sagte er dann aber: „Auch die Menschen interessiert nichts brennender als die Antworten auf genau diese Fragen! Manche Menschen verbringen ihr gesamtes Leben damit, über derart knifflige Fragen nachzudenken. Diese Menschen heißen Philosophen! Die Wissenschaft, die versucht, diesen Geheimnissen auf die Spur zu kommen, ist die Philosophie."

Seren war begeistert. Und Aurad fuhr fort: „Philosophie! Das Wort kommt aus dem Griechischen und bedeutet ‚Liebe zur Weisheit'." Seren seufzte: „Wie schön!" Der blaue Stern stimmte ihr zu und erklärte: „Jemand, der die Weisheit liebt, ist ein Philosoph. Eigentlich kann jeder Mensch ein Philosoph sein, denn mit großer Wahrscheinlichkeit denkt jeder Mensch irgendwann einmal darüber nach, warum er lebt. Das würde ich auch tun, wenn ich ein Mensch wäre!" Seren wurde neugierig. Sie wollte unbedingt einen Philosophen sehen. „Komm', zeig' mir einen Philosophen!", forderte sie den blauen Stern auf. „Einverstanden!", meinte Aurad, „ich zeige dir einen. Schau dort hinüber!" Der kleine rote Stern schaute in einen kleinen Garten hinein. Es wuchsen dort Bäume und Sträucher. Aber der Garten war menschenleer. Seren konnte nichts erkennen. „Da liegt nur eine Tonne herum!", stellte sie fest, „wo ist der Philosoph?" Der blaue Stern sagte: „Na, in der Tonne!" Seren konnte das nicht glauben. „Gibt es Philosophen nur in Tonnen?", fragte sie ungläubig.

„Normalerweise nicht. Aber dieser Philosoph, den sie Diogenes nennen, lebt in einer Tonne. So werden es sich die Menschen jedenfalls erzählen!" Dieser Mann lebte in einer Tonne, wie ein Hund in einer Hundehütte? Seren wollte wissen, warum dieser Mann das Leben in einer Tonne dem angenehmen Leben in einem Haus vorzog. „Die Menschen haben ihr Leben durch zahlreiche Erfindungen inzwischen angenehmer gemacht und nun das hier!", bemerkte sie. „Diogenes glaubt, dass jemand als Mensch glücklicher leben kann, wenn er aufhört, sich etwas zu wünschen. Und wenn er nichts mehr besitzt", erläuterte der blaue Stern.

Vielleicht war das richtig. Nichts zu besitzen bedeutet ja auch, sich nicht sorgen zu müssen, dass der Besitz verloren geht. Vielleicht liegt das Glück wirklich darin, unabhängig von all' dem ganzen Besitz zu sein, den die Menschen anhäufen.

Seren beobachtete, wie der Mann aus der Tonne kletterte und sich in die Sonnenstrahlen legte, die die Sonne in seinen Garten warf. Da hörte sie Schritte. Es kam jemand des Weges. „Wer ist das?", flüsterte sie dem blauen Stern zu. „Das ist Alexander!", erklärte der blaue Stern, „er nennt sich auch ‚Alexander der Große'. Die Griechen haben ihn heute zum obersten Feldherrn gewählt. Er ist ein sehr mächtiger und reicher Mann. Und alle haben ihm gratuliert!"

Seren überlegte: „Diogenes ist der einzige, der dies nicht tat?" Der blaue Stern nickte. Derweil stellte sich Alexander der Große vor Diogenes, der sich immer noch von der Sonne bescheinen ließ! „Diogenes, was kann ich für dich tun?", hörte Seren Alexander sagen. Er stellte sich direkt so vor Diogenes, dass sein Schatten auf ihn fiel.

„Och ... geh' einfach mal ein Stückchen aus der Sonne, Alexander!", antwortete der Philosoph. Seren freute sich über diese Antwort. „Aurad, hast du das gehört?", kicherte sie. „Ja, Seren. Das war großartig! Niemand sonst traut sich, einem so mächtigen Mann so eine freche Antwort zu geben! Nicht einmal aufgestanden ist er! Aber du siehst. Wenn jemand von gar nichts abhängig ist, ist er frei zu sagen, was er denkt!"

Seren und Aurad unterhielten sich noch lange über Diogenes und Alexander. Und Aurad verriet ihr, dass die Menschen diesen sonderbaren Mann, der in einer Tonne lebte, auch ‚Hund' nannten. „Hund heißt auf griechisch ‚Kyon'", erzählte der blaue Stern, „und wenn sich jemand wie Diogenes anderen gegenüber spöttisch verhält, dann ist er kynisch. Daraus machten die Menschen später das Wort ‚zynisch'."

Ja, das hatte Seren schon einmal gehört. So jemand wie Diogenes gefiel ihr. Sie bekam Lust, noch mehr von diesen sonderbaren Lebewesen zu sehen.

Warum ist die Banane krumm?

Bei dieser Aktivität werden bereits jüngere Kinder zum Nachdenken über die Phänomene in dieser Welt angeregt. Es geht nicht um richtige oder falsche Antworten, sondern um den Austausch von Ideen untereinander.

Material: keins
Alter: ab 3 Jahre

Die Kinder bilden einen Sitzkreis.
Ein Kind stellt eine Frage, die mit „Warum?" beginnt, z.B. „Warum ist die Banane krumm?" oder „Warum hat der Schweizer Käse Löcher?". Alle anderen Kinder rufen eine Antwort in den Raum, die ihnen gerade in den Sinn kommt. Dabei ist es nicht wichtig, ob die Antwort einen realen Bezug hat.
Die Antworten lösen Diskussionen und Austausch unter den Kindern aus.
Jedes Kind kommt einmal in die Rolle des Fragenden.

Mit Kindern philosophieren – das Philosophieprojekt

Dieses Projekt soll ein erster Einstieg in das Philosophieren sein. Die Kinder werden dazu angeregt, neugierig mit Ideen und Fragen umzugehen, und ihre Überlegungen und Gedanken zu diskutieren und weiterzuverfolgen.

Material: Wandtafel oder Clipboard oder großer weißer Bogen Papier an der Wand, entsprechendes Schreibzeug
Alter: ab 5 Jahren

Regeln

Wer miteinander philosophieren will, sollte sich zunächst auf folgende Regeln der Kommunikation einigen:

- Alle Kinder lassen sich gegenseitig aussprechen.
- Jeder hat das Recht sich zu äußern, aber auch zu schweigen.
- Jeder darf seine Meinung äußern, auch wenn die anderen eine andere Meinung haben.
- Eine andere Meinung zu haben darf kein Nachteil im sonstigen Umgang miteinander sein.

Wundern und Fragen

Schon Aristoteles bemerkte, dass vor dem Philosophieren v. a. das Fragen, das sich Wundern steht.
Die Gruppe sammelt Fragen, die einzelne Kinder beschäftigt.
Die Gruppenleitung schreibt die Fragen an die Tafel und stellt jede Frage der Reihe nach zur Diskussion.

Was wäre wenn?

Die Gruppenleitung sammelt mit den Kindern Fragen zur eigenen Identität, z.B.: Was wäre, ...

- ◆ ... wenn ich ein Tier wäre?
- ◆ ... wenn ich blind wäre?
- ◆ ... wenn ich keine Freunde hätte?
- ◆ ... wenn ich in einem anderen Land wohnen würde?

Werte und Vorstellungen

Die Gruppenleitung bereitet einen Fragenkatalog über Werte und Moralvorstellungen vor, z.B.:

- ◆ Was ist Glück?
- ◆ Was ist Freiheit?
- ◆ Was ist Liebe?
- ◆ Was ist der Tod?
- ◆ Was ist Eifersucht?
- ◆ Was ist das Leben?
- ◆ Was ist der Sinn des Lebens?

Antworten suchen

Die Gruppenleitung notiert alle Antworten zu den einzelnen Schritten und diskutiert die Ergebnisse in einer Abschlussrunde mit den Kindern.

Immer schneller, weiter und größer
Das Industriezeitalter

Eine besondere Zeit des Fortschritts und der Veränderungen war das so genannte Industriezeitalter. Wie der Name schon sagt, entwickelten die Menschen zu dieser Zeit die Industrie. Was heißt das nun genau?

Mit Beginn des 19. Jh.s n. chr. Zt. erfanden die Menschen zahlreiche technische Neuheiten, die das gesamte Leben der Menschen in Europa und den USA veränderten. Viele Menschen, die als Bauern auf dem Land lebten, zog es jetzt in die neu erbauten Städte. Dort konnten sie ihren Lebensunterhalt als Arbeiter in den Fabriken verdienen. Nach und nach entstand die Arbeiterschaft. Die Menschen entwickelten die Verkehrsmittel weiter und bauten Straßen aus. Außerdem erfanden sie die Telegrafie zur Übermittlung von Nachrichten. Diese Neuerungen ermöglichten ihnen, große Entfernungen schneller zu überwinden bzw. zu überbrücken. Sie wurden mobiler. Ein weit entferntes Ziel, welches bislang mehrere Tage Fußweg bedeutet hätte, konnte nun mit Auto oder Eisenbahn innerhalb weniger Stunden erreicht werden.

Die einzelnen Staaten bemühten sich darum, größer und stärker zu werden. So eroberten die Europäer Kolonien auf der ganzen Erde und Amerika entwickelte sich zum mächtigsten Staat überhaupt.

Die verschiedenen Staaten feierten sich, ihre Macht und den technischen Fortschritt auf so genannten Weltausstellungen. Die erste Ausstellung dieser Art fand im Jahre 1851 in London statt. Die Briten errichteten für diese Ausstellung, die von Menschen aus aller Welt besucht wurde, eigens einen Kristallpalast aus Eisen und Glas im Londoner Hyde Park, den *Crystal Palace*. Alle Erfindungen und Erzeugnisse der Industrie sollten hier ausgestellt werden. Die Veranstalter der Weltausstellungen wollten den technischen Fortschritt im Kampf gegen die Natur zeigen. Sie stellten Dampfmaschinen zur Ausrottung des Urwaldes aus und präsentierten auch Alltagsgegenstände aus anderen, weniger dem technischen Fortschritt erlegenen Kulturen. Mit diesem Kontrast wollten sie zeigen, wie ihre eigene Zivilisation voranschritt. Alle Dinge, die anders und in ihren Augen weniger fortschrittlich waren, sollten als primitiv und unterentwickelt gelten. In späteren Weltausstellungen hatten die Veranstalter auch keinerlei Probleme damit, Menschen anderer Hautfarbe und Kultur auszustellen.

Übrigens sind sowohl der *Eiffelturm* in Paris wie auch das *Atomium* in Brüssel Symbole der dort stattgefundenen Weltausstellungen, die eigens zu diesem Zwecke gebaut wurden.

Eine besondere Erfindung des Industriezeitalters ist das Flugzeug. Die Menschen sehnten sich

schon immer danach, das zu können, was die Vögel ihnen voraus haben: das Fliegen. Bereits die alten Griechen bastelten sich Flügel und sprangen damit von den Klippen. Doch das Fliegen gelang ihnen damit nicht. Die ersten Flugobjekte, die die Menschen in die Lüfte steigen lassen konnten, waren große Heißluftballons, sowie Drachen und Gleitflugzeuge. Die Brüder *Wilbur* und *Orville Wright* erkannten schließlich, dass ein Flugzeug drei Dinge benötigt: Auftrieb, Lenkbarkeit und Kraftentfaltung. Nach zahlreichen Experimenten kam es am 17. Dezember 1903 zum historischen Flug eines von ihnen entwickelten Flugzeuges. Schon wenige Jahre später konstruierten sämtliche Länder Flugmaschinen, die sie v. a. im Ersten Weltkrieg einsetzten.

Mit dem Aufbruch in das Industriezeitalter verschwand die Natur immer mehr aus dem Leben der Menschen. Hatten sie bislang als Bauern auf dem Land gelebt und waren mit Pflanzen und Tieren vertraut, so wohnten die meisten von ihnen jetzt in den Städten und arbeiteten in Fabriken. Sie sahen keine Bäume und keine Tiere mehr. Die Menschen waren erschöpft vom Arbeiten. Eine Sehnsucht zur Natur kam auf. Aus diesem Grund errichteten sie in den Städten z. B. Zoologische Gärten als kleine Inseln der Erholung für die Bürger.

Das Leben der Menschen spielte sich immer mehr in ihren Wohnungen ab. Und das Leben wurde privater. Ein tiefes Bedürfnis nach Rückzug aus dem Alltag in die eigenen vier Wände entwickelte sich. In dieser Zeit entstanden Freizeitbeschäftigungen wie Hausmusik und Lesezirkel. Mit dem Aufstellen von Pflanzen und Aquarien in der heimeligen Festung, sowie Tannenbäumen zum Weihnachtsfest holten sich die Menschen des Industriezeitalters die Natur ins Haus.

Der Blick in ferne Landschaften und exotische Länder ohne die üblichen Strapazen und viel Geld wurde durch eine Idee des Iren *Robert Barker* im Jahre 1787 möglich. Er erfand das Panorama. Dabei handelte es sich um einen Rundbau aus Holz mit einer Plattform in exakt festgelegter Entfernung zu einem 360 ° Rundgemälde. Das europäische Publikum konnte sich hiermit der Illusion hingeben, vor einer anderen Landschaft zu stehen. Dem folgten eine Reihe anderer ähnlicher Erfindungen wie Dioramen und so genannte Moving-Panoramen, wobei ein langer Leinwandstreifen an dem Publikum vorbeigezogen wurde.

Eine Reise in ferne Welten vom eigenen Sessel aus war mit kleinen Guckkästen möglich, in denen seriell gefertigte Glasstreifen mit Bildern von tropischen Landschaften und Eisregionen angebracht waren. Ende des 19. Jh.s n. chr. Zt. wurden die berühmten Laterna Magica-Apparate hergestellt, mit deren Hilfe Bilder projiziert wurden. Aber eine Erfindung, die noch mehr Aufsehen erregte, war die Fotografie.

Die Überwindung von Entfernungen in entspannter Atmosphäre, in der man die Landschaften an sich vorbeiziehen lassen konnte, war mit der Einführung der ersten Eisenbahnlinien in Europa möglich. Im Jahre 1830 n. chr. Zt. wurde die Eisenbahnlinie Liverpool – Manchester eingeweiht. Fünf Jahre später fuhr die erste deutsche Eisenbahn auf der Strecke von Nürnberg nach Fürth.

Aber der technische Fortschritt hatte auch seine Schattenseiten. Viele Menschen, die im Zuge des Fortschritts ihren Lohn in Bergwerken und Fabriken verdienten, wurden von den Unternehmern unterdrückt und ausgebeutet. Es entstand die so genannte Arbeiterbewegung, deren Angehörige nach Gleichberechtigung und sozialem Aufstieg strebten. Besondere Kritik an den sozialen Ungerechtigkeiten übte der Philosoph und Historiker *Karl Marx* (1818 – 1883). In seinem berühmten Buch „Das Kapital" stellt Marx die These auf, dass eine Gesellschaft, deren wirtschaftliches Handeln auf der Vermehrung der Gewinne durch Ausbeutung der Arbeitskraft abzielt, über kurz oder lang in gesellschaftliche Konflikte gerät. Die Auflösung der Konflikte sah er in einer nicht näher beschriebenen, von ihm benannten kommunistischen Ordnung.

Bertha Benz fährt Auto

Seren rekelte und streckte sich. Die anstrengenden Ausflüge mit Aurad ließen sie in einen tiefen Schlaf fallen. Sterne schliefen normalerweise bei Tageslicht und leuchteten in der Nacht. Aber nun waren sie so viel unterwegs, dass sie das Leuchten völlig vernachlässigte. Dennoch war Seren wieder äußerst gespannt, was sie heute über die Menschen erfahren sollte, diese seltsamen Wesen, die ihr Leben damit verbringen, Dinge zu erfinden, Ideen zu verwirklichen und Pläne zu schmieden.

„Aurad?", sie stupste den blauen Stern an. Auch er schien noch müde zu sein.

„Werd' wach!", forderte sie ihn auf, „ich möchte wieder eine Erfindung sehen!"

Aurad brauchte eine Weile, um richtig wach zu werden. „Was für eine Erfindung wünschen Madame?", fragte er schließlich.

Seren war unschlüssig. Wofür sollte sie sich entscheiden? Sie überlegte und kräuselte ihre kleine Sternennase.

„Och, ich möchte heute eine runde Erfindung sehen", erwiderte sie. „Und sie soll Lärm machen und Dampf und so was!" Das war eine Menge, was sie sich da wünschte. Aber Aurad würde ihr jeden Wunsch erfüllen. Jeden.

„Dann schauen wir einmal im Industriezeitalter vorbei!", beschloss er. „Ich denke, die Erfindung des Automobils wird dir gefallen!"

Auto? Automobil? Seren war begeistert. Sie wusste, dass die Menschen unbedingt etwas erfinden wollten, das es ihnen ermöglichte, große Strecken in relativ kurzer Zeit zu überwinden. Menschen konnten ja nicht lange und weit zu Fuß gehen. Fliegen oder gar schweben wie Sterne war ihnen auch nicht möglich. Im Moment benutzten sie Pferdekutschen und manchmal die Eisenbahn. Aber das reichte ihnen nicht. Es sollte schneller gehen und weiter. Und es gab viele Tüftler und Bastler, die alles taten, um endlich Maschinen zu erfinden, mit denen sie die Welt erobern konnten.

Aurad und Seren schwebten soeben über Stuttgart, als Aurad meinte: „Da unten siehst du die Bastler Gottlieb Daimler und Wilhelm Maybach. Sie experimentieren mit Motoren. Bisher besaßen die Menschen nur Maschinen, die durch erhitztes Wasser, also Dampfdruck, etwas in Bewegung setzen können."

„Dampfmaschinen!", unterbrach Seren.

„Genau", bestätigte der blaue Stern und fuhr fort: „Unsere beiden Bastler haben aber eine Erfindung gemacht, die Luft und Benzin in einem Zylinder zum Explodieren bringt und die so gewonnene Kraft auf Ketten überträgt."

Seren beobachtete, wie Gottlieb Daimler und Wilhelm Maybach mit ihren knatternden Kutschen durch die Landschaft brausten. „Diese Fahrzeuge sehen aus wie Pferdekutschen ohne Pferde!", bemerkte sie treffend.

Nicht unweit der beiden Tüftler bastelte ebenfalls jemand an der Erfindung des Automobils herum. Carl Benz aus Mannheim. An diesem Morgen, an dem Seren und ihr Freund auf die Erde blickten, fuhr Bertha Benz, die Frau von Carl Benz, mit der Erfindung ihres Mannes in das benachbarte Pforzheim. Die Leute blieben am Wegesrand stehen und staunten nicht schlecht, als die Dame mit dieser stinkenden und knatternden Maschine an ihnen vorbeirauschte. Bertha Benz stoppte immer wieder zwischendurch, um Benzin nachzukaufen, das gab es in der Apotheke. Nachdem sie auch die Rückfahrt erfolgreich geschafft hatte, stand dem Ruhm des Automobils nichts mehr im Wege.

PAPIERFLIEGER

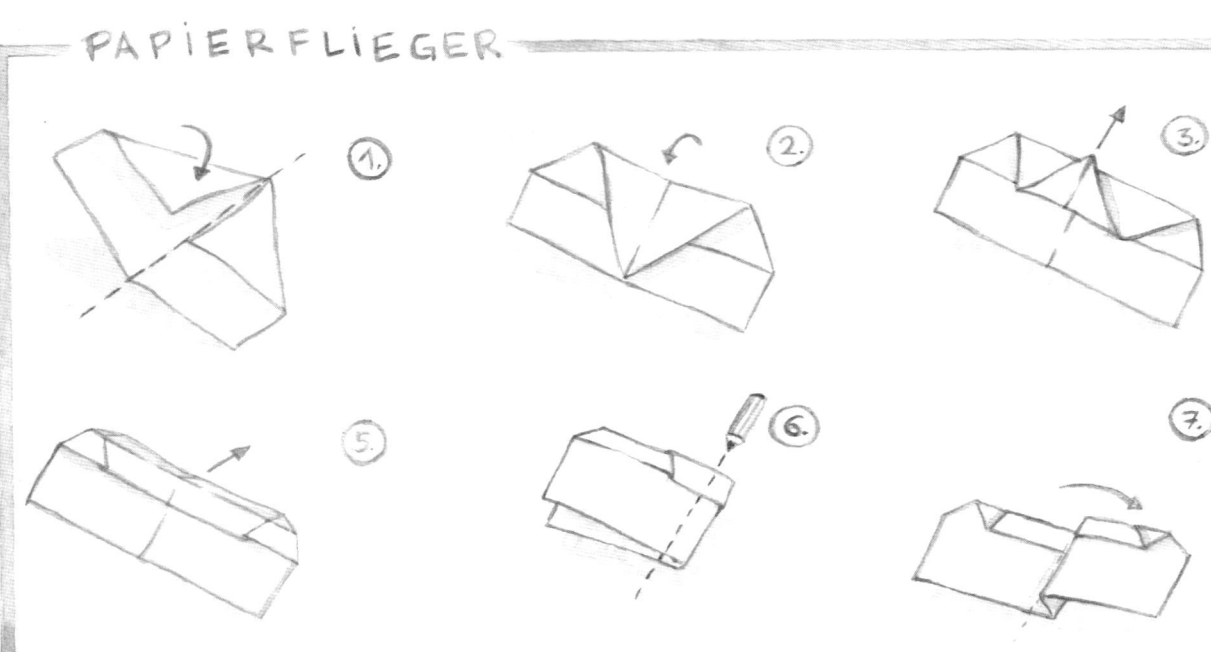

Papierflieger

Zwei Bögen Papier lassen sich leicht in einen Papierflieger verwandeln.

Material: 2 Bögen weißes oder farbiges DIN A4-Papier, Schere, Lineal, Bleistift, Klebstoff, Falzbein
Alter: ab 5 Jahren

Das Blatt quer legen und einmal längs in der Mitte falten.
Wieder öffnen und die linke und rechte obere Ecke zur Mittellinie falten (wie ein Haus mit Spitzdach).
Die entstandene obere Spitze nach unten genau bis zur unteren Kante knicken.
Die Spitze nach oben falten. Es entsteht ein kleines Dreieck, dessen untere Kante auf einer Linie mit den vorherigen Faltteilen liegt.
Das Dreieck nach innen knicken und dabei die übrigen Faltungen mit einschlagen.
Die obere Kante etwa 2 cm nach hinten knicken und die Kante kräftig mit dem Falzbein entlang fahren.
2 cm links und rechts der Mittellinie eine Hilfslinie mit dem Bleistift und dem Lineal einzeichnen und den Flieger an der Mittellinie zusammenfalten.
Den oben liegenden Flügel an der Hilfslinie nach rechts falten.
Das ganze Paket wenden und den rechten Flügel an der gestrichelten Linie nach links falten.
Die Flügel waagerecht stellen und kleine Klappen an den mit Pfeilen markierten Stellen an beiden Flügeln einschneiden.
Für den Schweif einen rechteckigen Streifen schneiden und längs in der Mitte falten.
An beiden Seiten 2 cm für die Seitenführung hochknicken, die schraffierten Flächen (s. Abb.) abschneiden und den fertigen Schweif an den Papierflieger kleben.

Luftgleiter

Aus einem zweimal geknickten Blatt Papier, können auch schon sehr kleine Kinder einen Luftgleiter bauen.

Material: 1 Bogen DIN A4-Papier
Alter: ab 3 Jahren

Papier quer legen und den Rand der oberen Seite ungefähr 5 cm nach innen knicken.
Einmal längs in der Mitte falten wie ein Buch.
Fertig ist der Luftgleiter!

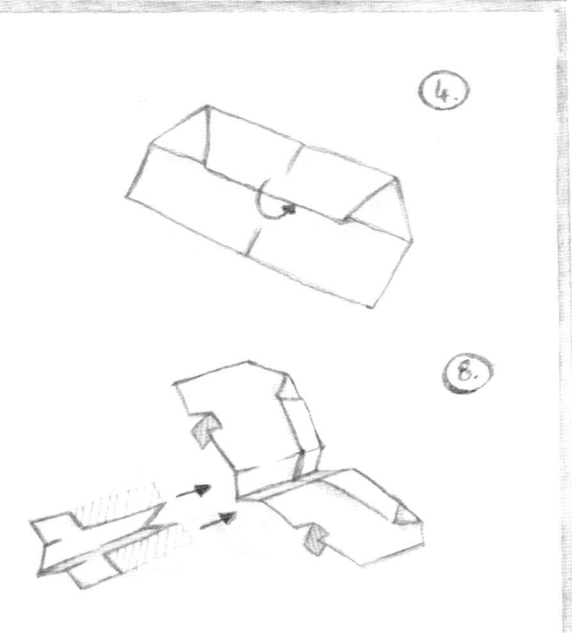

Zeppelin-Spiel

Henri Giffard baute das erste Luftschiff im Jahre 1852. Eigentlich war es nicht mehr als ein Ballon mit Motor. Später reisten die ersten Zeppeline über den Atlantik. Besonders sicher waren sie jedoch nicht. Das Luftschiff „Hindenburg" geriet bei seiner Landung in New York im Jahre 1937 in Brand.
Dieses Würfelspiel spielen die Kinder mit Streichhölzern, die in den Rumpf eines gemalten Zeppelins gelegt werden.

Material: 1 Würfel, 6 Streichhölzer pro Kind, 1 Bogen Papier, 1 Stift
Alter: ab 5 Jahren

Vorbereitung

Auf das Papier einen großen Zeppelin zeichnen (s. Abb.).
Den Rumpf des Zeppelins in 5 Felder unterteilen und durchnummerieren.
Die Gondel bekommt die Nummer 6.

Durchführung

Jedes Kind bekommt sechs Streichhölzer.
Reihum würfeln.
Würfelt das Kind eine „Rumpfzahl" (1, 2, 3, 4 oder 5), legt es ein Hölzchen in das entsprechende Feld auf dem Zeppelin-Rumpf.
Liegt dort bereits ein Hölzchen, so darf es dieses nehmen und muss kein eigenes weglegen.
Wer eine 6 würfelt, legt ein Hölzchen in das „Gondel-Feld", darf aber keines wegnehmen.
Wer kein Streichholz mehr hat, setzt bis zur nächsten Runde aus.

Laterna Magica

Material: 1 Schuhkarton mit Deckel, Schere, Cutter, Pappe, Papier, Buntstifte, Klebstoff
Alter: ab 6 Jahren

Mit dem Cutter an einer der beiden schmaleren Wände des Kartons senkrecht zwei Schlitze (ca. 5 cm hoch) parallel zueinander schneiden.
In die gegenüber liegende vordere Wand mit Bleistift einen Kreis mit einem ungefähren Durchmesser von 5 cm für ein Guckloch malen und mit dem Cutter ausschneiden.
Damit genügend Licht in den Karton fällt, kleine Löcher in die Seiten des Kartons schneiden.

Aus der Pappe ein paar Streifen mit der Breite von ca. 5 cm schneiden, so dass sie durch die Schlitze passen. Die Streifen sollten ungefähr 10 cm länger sein als der Karton, damit sie an den Seiten festgehalten werden können.
Bunte Bilder, Landschaften mit Tieren u. Ä. auf Papier malen, ausschneiden und auf die Pappstreifen kleben.
Deckel auf den Karton und fertig ist die Laterna Magica.
Während ein Kind durch das Guckloch in den Karton schaut, zieht ein zweites Kind die Pappstreifen mit den Bildern durch.

Von Marco Polo bis Galilei

Auf den Spuren von Forschern, Entdeckern und Astronomen

Mit der Erfindung der Schiffe und des Rades, konnten sich die Menschen auf den Weg machen, andere Orte auszukundschaften. Es war ihnen möglich, weite Strecken zurückzulegen und andere Menschen zu treffen. Ihre ersten Transporte über das Wasser unternahmen die Menschen mit Flößen aus Holz. Sie entdeckten, dass sie Tierhäute mit Luft füllen und diese als Flöße benutzen konnten. Um ein ideales Floß zu finden, experimentierten sie mit verschiedenen Materialien. Sie entdeckten, dass ein Floß mit einem Hohlraum versehen, optimal war. Auf diese Weise erfanden vor ungefähr 40.000 Jahren die Menschen auf den Pazifischen Inseln die ersten Boote. Wasserfahrzeuge waren zwar hauptsächlich für den Verkehr von Nutzen, aber mit ihrer Hilfe konnten die Menschen nun auch auf die See hinausfahren und Fischen gehen.

Die Ägypter bauten ihre Boote aus Schilfbündeln, die sie fest zusammenschnürten. Später erfanden die Menschen in Ägypten und in Mesopotamien die ersten Segelschiffe, um den Antrieb durch Wind zu nutzen. Auch die alten Römer begaben sich auf Entdeckungsreise.

Ihr Hauptanliegen war jedoch, ihr Reich durch die Eroberung neuer Landstriche zu vergrößern. Sie entdeckten während ihrer Feldzüge den Orient und Asien. Auch die Chinesen wollten die Welt erkunden. Im 2. Jh. n. chr. Zt. machten sie sich auf nach Zentralasien. Später, im 14./15. Jh., überquerten sie mit riesigen Segelschiffen den Ozean bis zur afrikanischen Küste. Auch die Araber waren stets vom Reisefieber gepackt. Sie kamen bis nach Sibirien und nach China.

Immer wieder trieb es die Menschen hinaus, um zu erfahren was sich hinter dem nächsten Berg, dem nächsten Dorf und dem nächsten Meer befindet. Hinter all diesem steckte auch der Wunsch zu erkunden, woher wir Menschen eigentlich kommen, ob es woanders noch andere Menschen gab und ob es irgendwo ein Ende unserer Erde gibt. Lange Zeit herrschte in den Vorstellungen der Europäer der Glaube, dass sich hinter dem Horizont die Hölle befinden würde. Die Menschen in Europa nahmen an, dass die Erde flach wie eine Scheibe sei. Und in den Meeren schwammen ihren Vorstellungen nach riesige Ungeheuer, die die Schiffe und Seefahrer verschlingen. Doch trotz dieser Horrorvorstellungen trauten sich abenteuerlustige Seefahrer immer wieder hinaus in die Meere, um unbekannte Orte zu entdecken.

Wenn wir uns irgendwo befinden, wo es weder Straßenschilder noch Wegweiser gibt, müssen wir uns auf andere Weise orientieren. Voraussetzung ist jedoch, dass wir die vier Himmelsrichtungen kennen. Ihre Reihenfolge lässt sich ganz leicht merken mit dem Vers:

„Im Osten geht die Sonne auf,
im Süden nimmt sie ihren Lauf,
im Westen wird sie untergehen
im Norden ist sie nie zu sehen".

Befinden wir uns auf der nördlichen Erdhalbkugel, können wir z.B. die Sonne beobachten. Dort, wo die Sonne am höchsten steht, ist Süden. Im Norden hingegen ist die Sonne nie zu sehen. Einzige Orientierung ist des Nachts der Polarstern im Norden am Himmel.

Ein künstlicher Wegweiser und eine bedeutende Erfindung für Reiselustige war der Kompass. Ein Kompass besteht aus einem Gehäuse, einer Abbildung mit den vier Himmelsrichtungen

(Windrose) und einer magnetischen Nadel. Weil unser Globus ein riesiger Magnet ist, wird die Spitze der Kompassnadel von den magnetischen Polen der Erde angezogen. So zeigt die Nadel des Kompasses nämlich immer zum magnetischen Nordpol.

Um den Überblick zu bekommen, zeichneten die Menschen alles, was sie ausgekundschaftet hatten, auf Papier auf. So entstanden die ersten Landkarten. Natürlich waren diese ersten Landkarten noch unvollständig und nicht sehr genau. Auf den allerersten europäischen Weltkarten fehlt z.B. der amerikanische Kontinent, denn den hatten die Europäer bis Ende des 15. Jh.s noch nicht entdeckt.

Um sich auf den weiten Reisen auf offener See zurechtzufinden, benötigten die Seefahrer genau solche Instrumente wie den Kompass. Diese chinesische Erfindung hatten die Seefahrer des Mittelmeeres bereits im 12. Jh. durch die Araber kennen gelernt. Auch brauchten sie stärkere und bessere Schiffe für lange Reisen und Instrumente zur Berechnung der Breitengrade.

Mit der Entdeckung, dass die Erde keine Scheibe ist, erfand der Kartograph *Gerardus Mercator* im 16. Jh. n. chr. Zt. die erste Seefahrtskarte, in der er die Erde zylindrisch gestreckt darstellte.

Die Menschen wollten nicht nur andere Länder und Kontinente erforschen, sondern auch darüber hinaus etwas über die Erde, die Sonne, den Mond und die Sterne erfahren. Mit Hilfe der Mathematik stellten sie komplizierte astronomi-sche Rechnungen an. Dahinter verbarg sich der Wunsch, Kontrolle über all das Unbegreifliche des Universums zu bekommen und das Rätsel unseres Daseins zu lösen.

Die naturwissenschaftlichen Forschungen standen oft im Gegensatz zu den religiösen Vorstellungen einer Gesellschaft. Neue Entdeckungen und Erkenntnisse konnten ein ganzes Weltbild zusammenbrechen lassen. Ein berühmtes Beispiel ist der Werdegang des Italieners *Galileo Galilei*, der im Jahre 1609 höchstes Aufsehen mit seinen Behauptungen über die Erde und die Planeten machte. Er entdeckte, dass es auf der Mondoberfläche Krater und Gebirge und viel mehr Sterne als bislang angenommen gibt. Auch verwies er darauf, dass die Sonne im Mittelpunkt des Weltalls steht und nicht die Erde. Diese Behauptungen widersprachen dem Weltbild der christlichen Kirche. Galileo Galilei wurde deswegen auch verurteilt und zeitweise inhaftiert. Erst viele hundert Jahre später zog die katholische Kirche ihre Vorwürfe gegen Galileo Galilei zurück.

Anfang des 17. Jh.s berechnete der Astronom *Johannes Kepler*, dass die Erde ein Planet wie jeder andere ist und sich um die Sonne bewegt. Im selben Jahr noch präsentierte der Niederländer *Hans Lipperhey* seine neueste Erfindung: das erste Teleskop.

Wie der linke Fuß des Herrn Armstrong berühmt wurde

„**S**ind die Menschen eigentlich nie auf die Idee gekommen, die Erde einmal zu verlassen?", überlegte der kleine rote Stern laut. „Aber ja doch!", antwortete Aurad. „Seit jeher machen sie sich Gedanken darüber, ob es noch andere Lebewesen auf anderen Planeten gibt."

Seren fragte weiter: „Haben sie denn etwas entdeckt?"

„Nein, nicht wirklich! Sie haben bislang nur festgestellt, dass auf anderen Planeten in der Nähe der Erde kein Leben wie ihres möglich ist", erwiderte der blaue Stern.

„Wie haben sie das denn rausgekriegt?", wollte Seren wissen. Aurad antwortete: „Sie bauen Raumschiffe und fliegen damit durch die Galaxie!"

Seren schaute Aurad ungläubig an. „Das möchte ich unbedingt sehen! Bislang ist noch kein einziges Raumschiff an mir vorbei geflogen!"

„Gut, dann komm' mit und schau' dir den berühmtesten Fuß der Menschheit an!", lächelte Aurad viel versprechend. Der berühmteste Fuß der Menschheit? Ein Fuß der berühmt wurde? Serens Blick verriet Skepsis. Die Menschen waren eindeutig sonderbare Wesen mit seltsamen Ideen. Und dass ein Fuß berühmt werden konnte, schien ihr wieder einmal maßlos übertrieben.

„Aber wir müssen ein bisschen aufpassen, damit der Mond nichts merkt!", hauchte der blaue Stern ihr sternenzwinkernd zu. „Aber klar!", flüsterte sie genauso leise zurück. Kurz darauf näherten sich die beiden Sterne unauffällig dem Mond. Es ist der 20. Juli 1969. Es dauert noch 10 Minuten bis es nach ost-amerikanischer Sommerzeit 11 Uhr abends (p. m.) schlägt. Seren und Aurad sehen aus der Ferne ein klitzekleines Raumschiff vorbeifliegen. „Hast du gesehen? Das ist die Apollo 11!", erklärte der blaue Stern. „Ja!", flüsterte Seren, „und wer sitzt drin?" Aurad antwortete: „In diesem Raumschiff sitzen die drei Astronauten Michael Collins, Edwin Adrin und Neil Armstrong!" „Was sind denn Astronauten?", möchte Seren wissen. „Das sind amerikanische Weltraumfahrer!", antwortet Aurad. „Können denn nur Amerikaner in den Weltraum fliegen", rätselt der rote Stern. „Nein, in Russland werden auch Weltraumfahrer ausgebildet. Aber die nennen sich Kosmonauten, obwohl sie dasselbe tun, nämlich den Weltraum erforschen", erklärt Aurad. ‚Seltsam diese Menschen', denkt Seren wieder. Jetzt möchte sie wissen, wie jemand Astronaut oder Kosmonaut wird. Aurad erklärt ihr, dass Raumfahrer absolut fit sein müssen. Ihnen darf nicht schnell schwindelig werden, denn sie brausen mit unglaublicher Geschwindigkeit durchs Weltall. Am besten üben sie das vorher mit dem Fliegen von schnellen Düsenflugzeugen. Außerdem sollten sie noch jung sein, das heißt, nicht älter als 40 Jahre, und besonders groß dürfen sie auch nicht sein, sonst passen sie ja nicht in die enge Raumkapsel. Natürlich müssen Raumfahrer noch etwas mehr können, als nur schwindelfrei zu sein. Angenommen, am Raumschiff geht irgendwas kaputt, dann sollten sie in der Lage sein, es schnell wieder zu reparieren. Deshalb haben viele Raumfahrer Ingenieurwissenschaft studiert oder Mathematik und Physik.

Seren hörte den Beschreibungen des blauen Sterns aufmerksam zu. Aber da war eine Sache, die ihr sehr rätselhaft erschien. Auf der Erde fällt alles früher oder später auf den Boden, wenn es in die Luft geworfen wird. Wieso fällt so ein Raumschiff nicht wieder runter auf die Erde?

Aurad erklärte ihr, dass das mit der Schwerkraft und dem Luftwiderstand zu tun hat. Oh, das hörte sich sehr kompliziert an! „Stell' dir vor, auf der Erde spielt ein Kind mit einem Ball. Würde es den Luftwiderstand und die Schwerkraft nicht geben und angenommen das Kind schießt den Ball hoch hinaus, würde der Ball ins Weltall fliegen." „Ja", sagte Seren, „der Ball würde nie langsamer werden und er würde seine Richtung nicht ändern. Nichts würde sein Fliegen aufhalten." Der blaue Stern lächelte sie an: „Genau! Aber so ist das auf der Erde nicht. Da fällt der Ball herunter. Damit der Ball nicht mehr auf die Erde fällt, müsste das Kind ihn mit so einem Schwung schießen, dass er um die Erde herum fällt und der Ball in die Erdumlaufbahn einschwenken kann."

Seren wusste, dass kein Kind dieser Erde je so viel Kraft hätte. Aber die Vorstellung gefiel ihr. Es war wohl so, dass die Menschen ihre Raumschiffe mit so viel Schwung in die Erdumlaufbahn schießen konnten, dass sie nicht mehr von der Schwerkraft betroffen waren und abstürzen konnten. Und sie wusste auch, dass es verschiedene Erdumlaufbahnen in allen möglichen Höhen oberhalb der Erde gibt. Die Himmelskörper, die einen anderen Planeten auf einer unveränderlichen Bahn umkreisen, nennen die Menschen übrigens Satelliten. Ein solcher Satellit ist auch der Mond. „Der Mond ist nur 380.000 km von der Erde entfernt und umrundet sie in 28 Tagen", erzählte Aurad. Er berichtete weiter, dass der Schwung, mit dem die Raketen in die Erdumlaufbahn befördert werden, sehr genau berechnet werden muss, damit nichts schief geht.

Inzwischen ist es 10.56 p. m.

Die Raumfähre Apollo 11 ist auf dem Mond gelandet. Neil Armstrong klettert aus dem Raumschiff und setzt seinen linken Fuß auf die Mondoberfläche. Seren und Aurad lauschen gespannt seinen Worten. „Dies ist ein kleiner Schritt für einen Menschen, aber ein großer Sprung für die Menschheit!"

Seren versteht nun, warum sein linker Fuß zum berühmtesten Fuß der Menschheit wird. Er ist der erste Fuß, der den Mond berührt hat. Sie beobachtet, wie der andere Astronaut, Edwin Aldrin, ebenfalls aus dem Raumschiff steigt und mit Neil Armstrong herumhüpft. Auf dem Mond gibt es ja keine Schwerkraft. Daher sieht das ganz normale Gehen ziemlich komisch aus, weil die Körper der Astronauten nicht auf den Boden gezogen werden wie auf der Erde. Edwin und Neil laufen etwa zweieinhalb Stunden auf dem Mond herum. Sie sammeln Steine und erkunden die Oberfläche. Lebewesen treffen sie leider keine. Dann steigen sie in ihr Raumschiff und treten den Heimweg an. Vier Tage später sind sie wieder zu Hause. In den darauf folgenden Jahren werden die Menschen dem Mond noch fünf weitere Besuche abstatten.

Ein Floß bauen

Die ersten Flöße waren aus Schilf, Holz oder Tierhäuten. Auch zwei alte Autoreifen und ein Holzbrett taugen als Floß.

Material: 2 ausrangierte Autoreifen, 1 großes Brett (ca. 90 x 180 cm), Bleistift, Bohrer, ca. 3 m wasserfestes Seil mittlerer Stärke, Paddel; evtl. Schwimmwesten
Alter: ab 8 Jahren
Ort: gefahrloser niedriger Fluss oder See (nur für Kinder, die bereits schwimmen können!)

Vorbereitung

Die beiden Reifen auf das Brett legen und mit dem Bleistift die äußeren und inneren Umrisse nachziehen.
Mit dem Bohrer Löcher mit gleichmäßigem Abstand sowohl auf der Linie des äußeren aufgezeichneten Umrisses, wie auch des inneren Reifenumrisses bohren.
Seil durch die Löcher ziehen und die Reifen damit am Brett festbinden und verknoten.

In See stechen

Die Kinder können das Floß auf kleinen, nicht tiefen, gefahrlosen Flüssen oder Seen benutzen. Dazu legen sie das Floß mit den Reifen nach unten in das Wasser und knien sich auf das Brett.
Mit einem Paddel können sie das Floß fortbewegen.

Wichtig

Die Kinder sollten das Floß nicht unbeaufsichtigt benutzen und sie sollten unbedingt schwimmen können.
Bei tieferen Gewässern, in denen man nicht mehr stehen kann, unbedingt Schwimmwesten tragen!

Einen Kompass basteln

Seit dem frühen 15. Jh. n. chr. Zt. benutzen die Menschen den Kompass zur Bestimmung der Himmelsrichtungen. Aus einer Streichholzschachtel und einer magnetischen Nadel können die Kinder selber einen Kompass bauen.

Material: 1 Streichholzschachtel, 1 Reißzwecke, 1 Kompassnadel (Bezugsadresse im Anhang, s. S. 105), Papier, Schere, Buntstifte; evtl. buntes Papier und Kleber
Alter: ab 6 Jahren

Die Kinder schneiden jeweils ein Stück Papier aus, das in den Boden ihrer Streichholzschachtel passt.
Auf dieses Papier malen sie eine Windrose, tragen die vier Himmelsrichtungen ein und bemalen die Windrose bunt.
Sie kleben die Windrose in den Boden der Streichholzschachtel.
Von außen stechen sie die Reißzwecke durch den Pappboden der Streichholzschachtel, so dass die Nadel in der Mitte der Windrose herausschaut.
Vorsichtig die Kompassnadel darauf setzen.
Die Schachtel anschließend bunt bemalen oder bekleben.

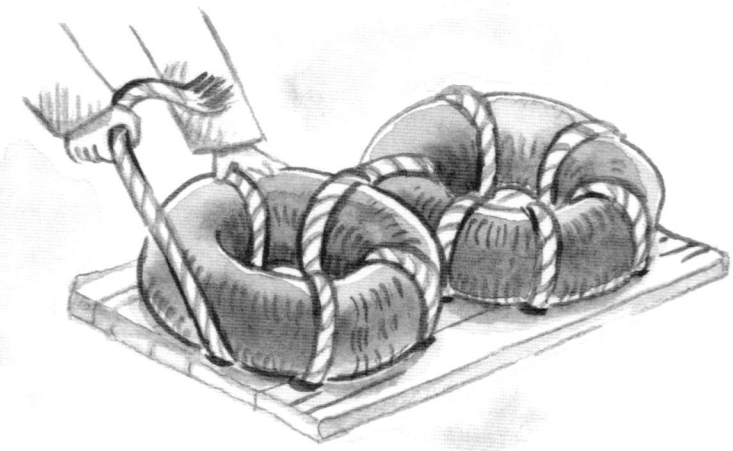

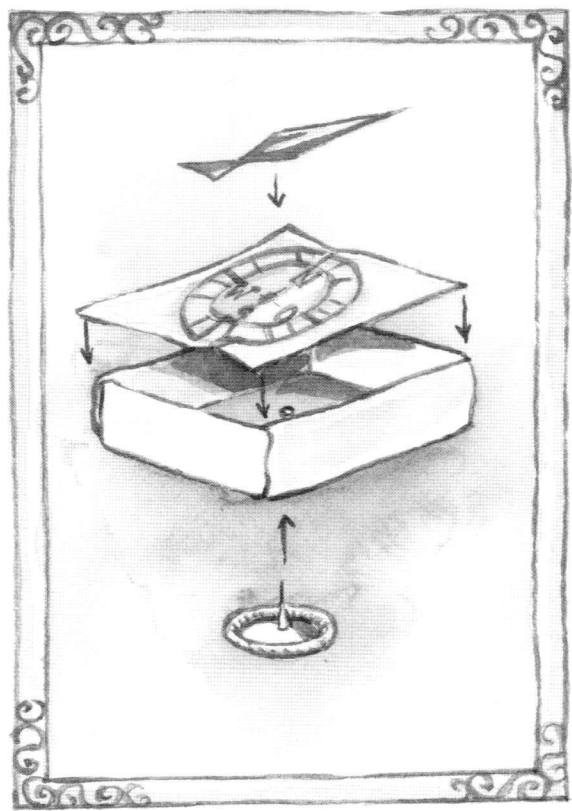

Mit dem Kompass unterwegs

Haben die Kinder ihren eigenen Kompass hergestellt, können sie ihn unterwegs zum Einsatz bringen.

Material: Landkarte, Kompass (s. S. 58), evtl. Buntstifte oder Papier, Verpflegung, evtl. wetterfeste Kleidung und gutes Schuhwerk, weißes Papier; evtl. Handys
Alter: ab 7 Jahren

Vorbereitung

Zusammen mit der Gruppenleitung suchen die Kinder ein Ausflugsziel aus.
Die Gruppenleitung breitet die Landkarte aus, auf der das Ausflugsziel eingezeichnet ist.

Das Ziel sollte nicht zu weit entfernt und gut zu Fuß erreichbar sein.
Eine Wanderung von ca. 5 km können die Kinder gut schaffen.
Ein Wald- oder Feldweg eignet sich besonders für den Ausflug.
Gemeinsam überlegt die Gruppe, in welche Himmelsrichtung sie laufen muss, um das Ziel zu erreichen.
Wichtig ist, dass sich die Kinder v. a. nach den Himmelsrichtungen und nicht nach Wegweisern wie auf der Karte eingezeichnete Straßen oder Wege orientieren!
Für den Ausflug packen die Kinder Papier und Stifte, den Kompass und etwas Verpflegung ein. Je nach Jahreszeit auch an wetterfeste Kleidung und gutes Schuhwerk denken!

Unterwegs

Auf einer Landkarte ist der Norden immer oben. In der freien Natur ist das leider nicht immer so. Aus diesem Grund benötigen wir einen Kompass. Die äußere Spitze der Kompassnadel zeigt immer in Richtung Norden. Um mit dem Kompass die Himmelsrichtungen ermitteln zu können, müssen die Kinder das Gehäuse des Kompasses (beim selbst gebastelten Kompass die Streichholzschachtel) so drehen, dass die Spitze der Nadel genau dorthin zeigt, wo der Norden in der Windrose eingezeichnet ist. Jetzt können die Kinder andere Himmelsrichtungen von der Windrose ablesen.

Wichtig

- Die Kinder sollten nie alleine unterwegs sein. Eine größere Gruppe kann sich in kleinere Gruppen aufteilen.
- Die Gruppenleitung sollte den Weg vorher sorgfältig aussuchen und ihn auf seine Unbedenklichkeit hin prüfen.
- Auch sollte die Gruppenleitung eine ungefähre Vorstellung davon haben, wie viel Zeit die Kinder für den Weg benötigen.
- Erreichbarkeit durch Handys ist sicherlich zu empfehlen.

Norden – Osten – Süden – Westen

Auf einem Gruppenspaziergang in der Natur lernen die Kinder, wie sie sich mit Hilfe von einigen Tricks auch ohne Kompass gut orientieren können. Im Rahmen einer kleinen Schnitzeljagd probieren die Kinder ihre Orientierungshilfen konkret aus.

Material: Landkarte, Armbanduhr, Kompass, Fotoapparat, weißes Papier, Ast oder Stift, evtl. Buntstifte, Malpapier, Verpflegung, evtl. wetterfeste Kleidung und gutes Schuhwerk; evtl. Handys
Alter: ab 7 Jahren
Vorbereitung: s. S. 59 („Mit dem Kompass unterwegs")

Auf nach draußen!
Zum vereinbarten Zeitpunkt trifft sich die Gruppe mit der Gruppenleitung und zieht mit Bleistift, Papier und Uhren los.
Hat die Gruppe bereits in der Vorbereitung mit Hilfe der Landkarte die Himmelsrichtung des Zielpunktes bestimmt, kann sie sich jetzt anhand der Armbanduhr bzw. der Natur orientieren.
Die Kinder machen Fotos von den Wegweisern der Natur oder malen Bilder davon.

Was eine Armbanduhr verrät
Die Kinder funktionieren eine Armbanduhr mit ihren beweglichen Zeigern zu einem Kompass um.
Ist es Sommer, wird die Uhr zunächst auf Winterzeit (= Normalzeit) eingestellt.
Die Uhr waagerecht und dabei den Stundenzeiger gegen die Sonne halten.
Die Mitte zwischen 12 Uhr und der Uhrzeit, die zur Sonne zeigt, suchen.
Genau dort liegt Süden!
In der entgegen gesetzten Richtung ist dann Norden.

Wenn der Himmel bedeckt ist
Selbst wenn die Sonne einmal nicht scheint, können wir die Himmelsrichtung mit der Uhr ermitteln.
Ein Stück weißes Papier nehmen und flach auf den Boden legen.
Senkrecht darauf einen Ast oder Stift stellen.
Auch bei bewölktem Himmel wirft der Ast bzw. der Stift einen Schatten auf das Papier.
In der entgegen gesetzten Richtung versteckt sich demnach die Sonne.
Die Uhr kann sich also an dem Schatten orientieren!

Botschaften aus der Natur

Die Natur verrät uns viel über die Himmelsrichtungen.

- In unseren Gegenden weht z.B. der Wind meistens aus dem Westen. Frei stehende Bäume neigen sich daher oft leicht in Richtung Osten. Die Kinder können anhand der Neigung der Bäume, Pflanzen und Sträucher beobachten, in welcher Richtung Westen und Osten liegen.
- Auch die Moosbewachsung an Baumstämmen kann weiterhelfen: Moos wächst meistens an der Wetterseite der Bäume und Häuser, also da, wo der Wind herkommt, nämlich aus dem Westen.
- Auch Tiere können Wegweiser sein. So bauen Ameisenkolonien ihre Haufen immer dem Süden zugeneigt und Spinnen ihre Netze an Ästen, die nach Süden zeigen.

Variante Schnitzeljagd

Die Gruppenleitung bereitet den Ausflug als Schnitzeljagd vor, läuft die Wegstrecke im Vorfeld ab und schreibt Notizen (z.B. wie viele Schritte die Kinder in Richtung Osten bis zum nächsten Wegweiser gehen müssen) mit Kreide auf Asphalt oder heftet sie als kleine Zettel an Baumstämme.

Auf dem Weg finden die Kinder die Hinweise und führen sie aus.

An jedem Hinweis angekommen, orientieren sich die Kinder anhand ihrer Armbanduhr oder an den Zeichen, die die Natur zu bieten hat.

Die Gruppen können auch unterschiedliche Hilfsmittel dabei haben. Ein Gruppe hat z.B. einen Kompass dabei, eine andere Papier und Bleistift, die dritte eine Uhr.

Wichtig

- Die Kinder sollten nie alleine unterwegs sein. Eine größere Gruppe kann sich in kleinere Gruppen aufteilen.
- Die Gruppenleitung sollte den Weg vorher sorgfältig aussuchen und ihn auf seine Unbedenklichkeit hin prüfen.
- Die Gruppenleitung sollte eine ungefähre Vorstellung davon haben, wie viel Zeit die Kinder für den Weg benötigen.
- Erreichbarkeit durch Handys ist auf jeden Fall zu empfehlen.

Regenbogen selbst gemacht

Eine der faszinierendsten Entdeckungen der Menschen in der Natur ist ein Regenbogen. Mit wenigen Hilfsmittel lässt sich so ein Regenbogen selber machen!

Material: 1 Suppenteller, Wasser, 1 Spiegel
Alter: ab 3 Jahre
Ort: vor einem offenen Fenster mit direkter Sonneneinstrahlung

Den Teller mit Wasser füllen.
Vor ein offenes Fenster mit Sonneneinstrahlung stellen und den Spiegel so an den Rand des Tellers halten, dass der Spiegel zum Tellerinneren zeigt. Und schon gibt es einen wunderschönen Regenbogen!

Der Mond ist aufgegangen

Wenn wir den Mond eine Zeitlang jeden Abend anschauen, stellen wir fest, dass er sich im Laufe der Zeit verändert. Rund und leuchtend ist er nur bei Vollmond einmal alle vier Wochen zu sehen. Von diesem Zeitpunkt an nimmt er Abend für Abend ab, d. h. er wird kleiner. An Neumond ist er dann völlig verschwunden. In den darauf folgenden 14 Tagen nimmt er wieder bis zur Zeit des Vollmondes zu. Den Lauf des Mondes können die Kinder anhand eines selbst gebastelten Daumenkinos nachvollziehen.

Material: festes einfarbiges Tonpapier (pro Kind 1 DIN A5-Bogen), Schere, Klebstoff, Tacker, Kopiervorlage
Alter: ab 4 Jahren
Vorbereitung: Die Spielleitung vergrößert und kopiert für jedes Kind einmal die Vorlage.

Aus dem Bogen Tonpapier schneiden die Kinder 16 gleich große Rechtecke (ca. 5 x 8 cm).
Die Kinder schneiden die Mondbilder der Vorlage aus.
Sie kleben die Mondbilder auf die Karten. Dabei unbedingt die Reihenfolge einhalten!
Eine zusätzliche Karte als Deckblatt oben auflegen.
Die Karten an der linken Seiten zusammen tackern.
Deckblatt nach Belieben bunt bemalen.
Fertig ist das Daumenkino.

Mikroskop und Stethoskop

Die Erforschung des menschlichen Körpers

Unser Körper ist verletzbar. Zudem nutzt sich der menschliche Körper im Laufe seines Lebens ab, wird gebrechlich und ist vergänglich. Die Menschen hat es immer schon interessiert, wie unser Körper funktioniert. Wir alle wollen wissen, warum er manchmal krank wird und wie er möglichst lange gesund bleibt. Viele Forscher mussten erst einmal den menschlichen Körper erkunden, sie mussten Erklärungen finden für die verschiedenen Krankheiten, um dann entsprechende Mittel dagegen erfinden zu können. Die Forscher, die sich mit dem menschlichen Körper beschäftigen, nennen wir Ärzte oder Mediziner. Die Medizin ist die Wissenschaft vom gesunden und vom kranken Menschen.

Schon im alten Ägypten betrieben Ärzte ihre Forschungen. Bereits im Jahre 2600 v. chr. Zt. gelang es den Ägyptern, Mumien die inneren Organe zu entfernen, um sie dann zu untersuchen. Durch die Verbreitung der Schrift konnten diese ersten Ärzte medizinisches Wissen aufschreiben und sammeln. Dies ermöglicht uns, schon auf altägyptischen Papyri aus dem Jahre 2000 v. chr. Zt. nachzulesen, wie sie welche Heilmittel zubereitet haben und wie z.B. den Frauen die Geburten erleichtert wurden. Auch kannten die Ägypter Chemikalien, um Leichen zu mumifizieren, so dass ihre Gesichter noch 4000 Jahre später erhalten sind. Aber nicht nur in Ägypten forschten Mediziner nach neuesten Erkenntnissen. Erste Zähne aus Metall oder Tierknochen setzten etruskische Zahnärzte in Italien bereits um 1000 v. chr. Zt. ein.

Trotz der medizinischen Forschungen blieben Krankheiten auch immer ein Bereich, in dem die Menschen dunkle Kräfte, Fluch und Zauberei vermuteten.

Die ersten Ärzte, die ohne Zauberei und Aberglauben an die Krankheiten herantreten, stammen aus Griechenland. So gründet im Jahre 400 v. chr. Zt. *Hippokrates* eine Schule für Ärzte, in der er den Schülern vermittelt, dass Krankheiten ohne religiöse Praktiken geheilt werden können. Und schon im Jahre 240 v. Chr. entfernen griechische Ärzte die ersten Gallensteine.

Eine umfassende Heilmittellehre schreibt im Jahre 45 v. chr. Zt. der Grieche *Pedanius Dioscorides*. Knapp 200 Jahre später entwirft der Arzt *Galen* ein ganzes Medizinsystem, von dem es sogar Übersetzungen ins Arabische und ins Lateinische gibt. Bis in die Neuzeit stützt man sich auf seine umfangreichen Schriften.

Ein Feind der modernen Medizin ist die katholische Kirche. Sie stellt sich im Mittelalter in Europa nicht nur gegen die neuesten Erfindungen und Erkenntnisse in der Physik und Astronomie, sondern auch gegen die Erkenntnisse der Medizin. Sie blockiert sämtliche Forschungen am menschlichen Körper und ein Infragestellen der christlichen Weltanschauung bezeichnet der Papst als Todsünde. Als im Jahr 1347 nahezu ein Drittel der europäischen Bevölkerung an dem „Schwarzen Tod", der Beulenpest, stirbt, deutet die Kirche diese Epidemie als Gottesstrafe.

Dennoch schreitet auch der medizinische Fortschritt voran. Im Jahre 1500 vollzieht ein Schweizer Tierarzt den ersten Kaiserschnitt. Mittlerweile benutzen die Ärzte anstelle von Holzbeinen bei Amputationen Prothesen aus eisernen Rahmen, Scharnieren und Hebeln. Im Jahre 1543 seziert der Belgier *Vesalius* menschliche Körper und schafft detaillierte anatomische Zeichnungen, die die Kirche strikt ablehnt.

Eine besondere Entdeckung macht der englische Arzt *William Harvey* zu Beginn des 17. Jh.s. Harvey schreibt 1628, dass unser Blut von unserem Herzen durch die Lunge und den ganzen

Körper gepumpt wird. Damit entdeckte Harvey den Blutkreislauf. Seine Entdeckung geschieht in einer Zeit, in der auch in anderen Bereichen der Wissenschaft die Vorstellung eines Kreislaufs immer mehr an Wichtigkeit zunimmt. So verweisen z. B. die Planetenforscher auf die Kreislaufbewegungen der Planeten.

Im Jahre 1650 baut ein Nürnberger den ersten Rollstuhl. Im Jahre 1670 wird entdeckt, dass der Urin von Zuckerkranken süß schmeckt, und die Mediziner ziehen Schlüsse daraus, dass dies mit einem gestörten Blutzuckerspiegel zusammenhängen muss.

Lange Zeit nahmen Zahnärzte und Friseure – damals hießen sie noch Barbiere – medizinische Operationen vor. Narkosen gab es noch nicht und viele Patienten starben. Erst seitdem 1805 entdeckt wurde, dass aus der Opiumpflanze das Betäubungsmittel Morphium gefiltert werden kann, schreitet die Medizin im Bereich der Narkose voran. Für Operationen und bei Geburten erweisen sich Chloroform und Äther als ideale Betäubungsmittel.

1856 erkennen die Forscher, dass Bakterien durch Hitze abgetötet werden. Diese Erkenntnis ist auch für die Lebensmittelindustrie von Vorteil, denn nun können auch Bakterien zerstört werden, ohne dass die Nahrung ihren Geschmack einbüßt.

Im Jahre 1895 durchleuchtet ein Herr *Röntgen* die Hand seiner Frau und bald darauf verwenden Ärzte Röntgenstrahlen zur Diagnose von Krankheiten und Knochenbrüchen.

Ein berühmter Entdecker war der im Jahre 1856 geborene *Sigmund Freud*. Er entdeckt etwas für unser Auge Unsichtbares: das Unbewusste. 1895 gründet Freud die Psychoanalyse, ein medizinischer Ansatz zum Verständnis von psychischen Erkrankungen, die darauf zurückzuführen sind, dass Gefühle unterdrückt werden. Sie bleiben im Verborgenen, im Unbewussten. Unsere Träume können uns z. B. verschlüsselte Hinweise auf unsere Wünsche liefern.

1928 stellt der Mediziner *Fleming* fest, dass ein bestimmter Schimmelpilz den Fäulnisprozess verlangsamt; dieser Zufall führt zur Entwicklung des Penicillins als Behandlung von Infektionen. 1940 wird ein Herstellungsverfahren für Penicillin entwickelt und damit Antibiotika eingeführt. Viele Infektionen, die sonst den sicheren Tod bedeutet haben, kann man nun behandeln.

Die Forschungen gehen weiter: 1931 richtet das Moskauer Krankenhaus eine Blutbank ein, die Blut für Patienten lagert. Die Mediziner können fortan mit Hilfe von Bluttransfusionen viele Menschenleben retten. Bislang haben sie noch kein künstliches Blut erfinden können.

1943 erforschen *Gibson* und *Medawar* das menschliche Immunsystem.

Die 1955 entwickelte Empfängnis verhütende Pille verhilft den Frauen, ihre Geburtenzahlen zu kontrollieren und sich nicht mehr unerwünschten Schwangerschaften auszusetzen.

1957 entwickeln *Isaacs* und *Lindemann* Interferon, das vor Virusinfektionen schützt.

Der erste Herzschrittmacher, ein elektronisches Gerät, das den Herzschlag reguliert, kommt 1952 auf den Markt. Im Jahre 1967 führt der Herzchirurg *Barnard* die erste Herztransplantation durch. Ein Jahr später führen *Cabrol* und *Giraudon* eine Herztransplantation bei einem Mann durch, der noch 18 Jahre danach weiterlebt.

1978 kommt das erste künstlich gezeugte Baby zur Welt.

Durch Impfprogramme können Krankheiten wie Pocken völlig ausgerottet werden.

Die vielen Erfindungen und Entdeckungen in der Geschichte der Medizin haben uns Menschen ein leichteres und längeres Leben beschert. Vor 100 Jahren betrug die Lebenserwartung von Frauen nur 48 Jahre und die von Männern im Durchschnitt 45 Jahre. Moderne Medizin, bessere hygienische Verhältnisse, gesündere Ernährung und die Kontrolle der Frauen darüber, wie viele Kinder sie zur Welt bringen möchten, hat die Lebenserwartung von uns Menschen in der modernen Gesellschaft deutlich in die Höhe getrieben. Heute werden Frauen im Schnitt 80 Jahre und Männer 74 Jahre alt. Viele Krankheiten, die früher bedrohlich waren, haben durch die moderne Medizin ihren Schrecken verloren. Dennoch sind großartige medizinische Apparaturen und ausgeklügelte Medikamente bei vielen kleinen Wehwehchen nicht immer so nötig, wie manche zu glauben meinen.

Manche Kulturen besitzen ein medizinisches Wissen, das teilweise auf ganz anderen Erfahrungen und Erkenntnissen beruht, als die Schulmedizin unserer westlichen Welt. So behandelten z.B. chinesische Ärzte ihre Patienten schon vor über 2000 Jahren mit Akupunkturnadeln. Dafür stechen sie feine Nadeln in bestimmte Körperstellen, in die so genannten Akupunkturpunkte. Viele Leiden wie Migräne und andere Formen von Schmerzen lassen sich mit Akupunktur behandeln.

Einige Indianerstämme kennen eine Reihe von wirksamen Pflanzen, mit denen sie gegen bestimmte Krankheiten vorgehen. Auch die Ureinwohner von Australien, die Aborigines haben ausgeklügelte Mittel gegen verschiedene Krankheitszustände.

Aber auch wenn es oft so aussieht, dass die Mediziner sämtliche körperlichen Leiden und Gebrechen der Menschen unter Kontrolle bringen, passieren immer wieder neue unvorhergesehene Dinge. Plötzlich tauchen z.B. völlig neue rätselhafte Krankheiten wie Aids und SARS auf.

Schimmel in der Petrischale

„Heute beobachten wir eine lustige Entdeckung mit unglaublichen Folgen!", versprach der blaue Stern dem kleinen roten Stern. „Oh ja!", freute sich Seren. „Ich liebe lustige Entdeckungen! Wer ist der glückliche Entdecker?" „Er heißt Alexander Fleming. Siehst du dort unten, da ist sein Labor!", antwortete Aurad. „Er ist Arzt und experimentiert mit Bakterien und Viren und Mikroorganismen herum!"

Aufmerksam beobachtete Seren den Arzt. Dr. Fleming schien gerade aus seinem Sommerurlaub zurückgekehrt und den ersten Tag wieder in seinem Labor zu sein. Das Labor stand voll mit Glasschalen, so genannten Petrischalen, Röhren, Pipetten, auch mehrere Mikroskope waren zu sehen. Dr. Fleming betrat sein Arbeitszimmer. „Oh, was für ein schreckliches Chaos! Hat denn niemand in meiner Abwesenheit aufgeräumt?", schimpfte er entrüstet. „Kann ich nicht mal zwei Wochen wegfahren, ohne dass es anschließend aussieht wie auf einer Müllhalde!", zeterte er weiter.

Seren war ein wenig enttäuscht. Wo bleibt denn bloß die lustige Entdeckung, die der blaue Stern versprochen hatte? Und was sollte das mit diesem muffeligen Arzt in dem chaotischen Labor?

Dr. Fleming schob ein paar Schalen und Geräte beiseite. „Mal sehen, was aus meiner Staphylokokkenzucht geworden ist ...", murmelte er und wandte sich zwei kleinen Petrischalen zu, die in einer Ecke des Labors unweit vom Fenster standen.

Staphylokokken? Was um Himmels willen war das denn, das so einen furchterregenden Namen trug? Ehe Seren den blauen Stern fragen konnte, flüsterte ihr dieser zu: „Das sind Bakterien! Kleine pflanzliche Lebewesen, die die Menschen nur unter einem Mikroskop sehen können. Aber es gibt sie in verschiedenen Ausführungen und manche vermehren sich so stark, dass sie Menschen krank machen, wenn sie zum Beispiel in die Lunge geraten." Seren war erstaunt. Sie wartete immer noch darauf, dass etwas passierte! Plötzlich erhallte ein Schrei im Labor!

„Waaaaas ist das denn!!!!", brüllte Dr. Fleming. Sämtliche Labormitarbeiter kamen erschrocken aus ihren Zimmern gelaufen. Dr. Fleming hatte eine der Petrischalen in der Hand. Er schaute sehr angewidert auf das, was er in der Hand hielt. In seiner Petrischale war nämlich etwas Grünes zu sehen. „Schauen Sie hier! Schimmel! Schimmel in einer Petrischale!", sagte er fast weinerlich. „Das ist ein Skandal!" Er stellte die verschimmelte Petrischale auf einen der Tische, seine Labormitarbeiter starrten verlegen auf den Boden. Plötzlich sprach einer von ihnen: „Vielleicht haben wir versehentlich das Fenster offen stehen lassen, als Sie weg waren!" Dr. Fleming konnte es nicht fassen. „Das Fenster offen stehen lassen? Und Schimmelsporen konnten hereinfliegen? Was wird nun mit meiner Staphylokokkenzucht?", fragte er verzweifelt. Nun konnte er seine ganzen Untersuchungen von vorne beginnen. Genervt setzte er sich an seinen Schreibtisch und drehte ein bisschen an seinem Mikroskop herum. Immer noch standen seine Mitarbeiter vor ihm

und schauten betroffen drein. „Geben Sie mal her!", meinte Dr. Fleming auf einmal ein wenig versöhnlich. Schnell reichte ihm einer der Mitarbeiter eine der grünen Petrischalen. Dr. Fleming entnahm ein wenig grüne Masse aus der Schale und legte sie vorsichtig unter das Mikroskop. Er drehte das Mikroskop scharf. Jetzt müssten sie gleich zu sehen sein, seine Staphylokokken. Aber nein! Wo waren sie geblieben? Nichts als dieser Schimmel! Und die Staphylokokken allesamt verschwunden. Wie konnte das passieren? Hatten sie sich in Luft aufgelöst? Etwa durch den Schimmel?

Dr. Fleming hielt inne. Er dachte nach. Das konnte etwas Ungeheuerliches bedeuten. „Wissen Sie eigentlich, was das bedeutet, wenn keine der Staphylokokken mehr in der Petrischale zu sehen sind, nachdem Schimmel sich dort ausgebreitet hat?" Die Mitarbeiter Flemings schwiegen. „Das bedeutet, dass dieser Schimmelpilz Bakterien vernichten kann!", schrie Fleming nun und seiner Stimme war die Begeisterung anzumerken. „An die Arbeit!", rief er, „wir haben soeben ein Mittel gegen Infektionen entdeckt! Niemand muss mehr an einer Lungenentzündung sterben!"

Seren war beeindruckt. Entdeckungen werden manchmal auf wirklich wundersame Weise gemacht. Der Schimmel in der Petrischale führt schließlich dazu, dass das Penicillin entwickelt wird. Und die Menschen können endlich Krankheiten heilen, die durch Bakterienbefall verursacht werden, wie Lungen- und Mandelentzündungen und vieles andere.

Streichholz-stethoskop

Der britische Arzt William Harvey fand heraus, dass unser menschliches Herz wie eine große Pumpe funktioniert. Mit jedem Schlag, den unser Herz macht, wird das Blut durch unsere Adern gepumpt. Diesen Schlag, den wir Pulsschlag nennen, können wir an manchen Stellen unseres Körpers genau spüren, z.B. am Handgelenk. Krankenpfleger und Ärzte fühlen den Puls eines Patienten mit Zeigefinger und Mittelfinger oder einem Stethoskop. Aus einem Streichholz und einer Heftzwecke lässt sich ein einfacher Pulsmesser bauen.

Material: 1 Streichholz, 1 Heftzwecke (möglichst aus Metall ohne Überzug)
Alter: ab 4 Jahren

Hat die Heftzwecke einen Überzug aus Plastik, diesen abtrennen.
Heftzwecke in das Ende des Streichholzes pieksen und fest andrücken.
Fertig ist das Streichholzstethoskop!
Mit der Unterseite z.B. aufs Handgelenk gedrückt, macht es den Pulsschlag besser fühlbar.

Puls messen

Der Puls eines kleinen Babys geht schneller als der eines erwachsenen Mannes. Auch schlägt das Herz eines Sportlers langsamer, als das der weniger sportlichen Menschen. Im Durchschnitt macht ein Kinderherz 90 Schläge, das einer Frau etwa 75 und das eines erwachsenen Mannes etwa 70 Schläge in der Minute. Wenn wir aufgeregt sind, große Angst haben oder ganz schnell laufen, können es aber auch schon mal 140 Schläge in der Minute sein, die unser Puls misst. Um zu messen, wie viele Pulsschläge das eigene Herz in der Minute macht, benötigen die Kinder eine Stoppuhr oder eine Uhr mit Sekundenzähler und ein selbst gemachtes Streichholzstethoskop.

Material: Stoppuhr, Pulsmesser (z.B. Streichholzstethoskop, s. linke Spalte)
Alter: ab 6 Jahren

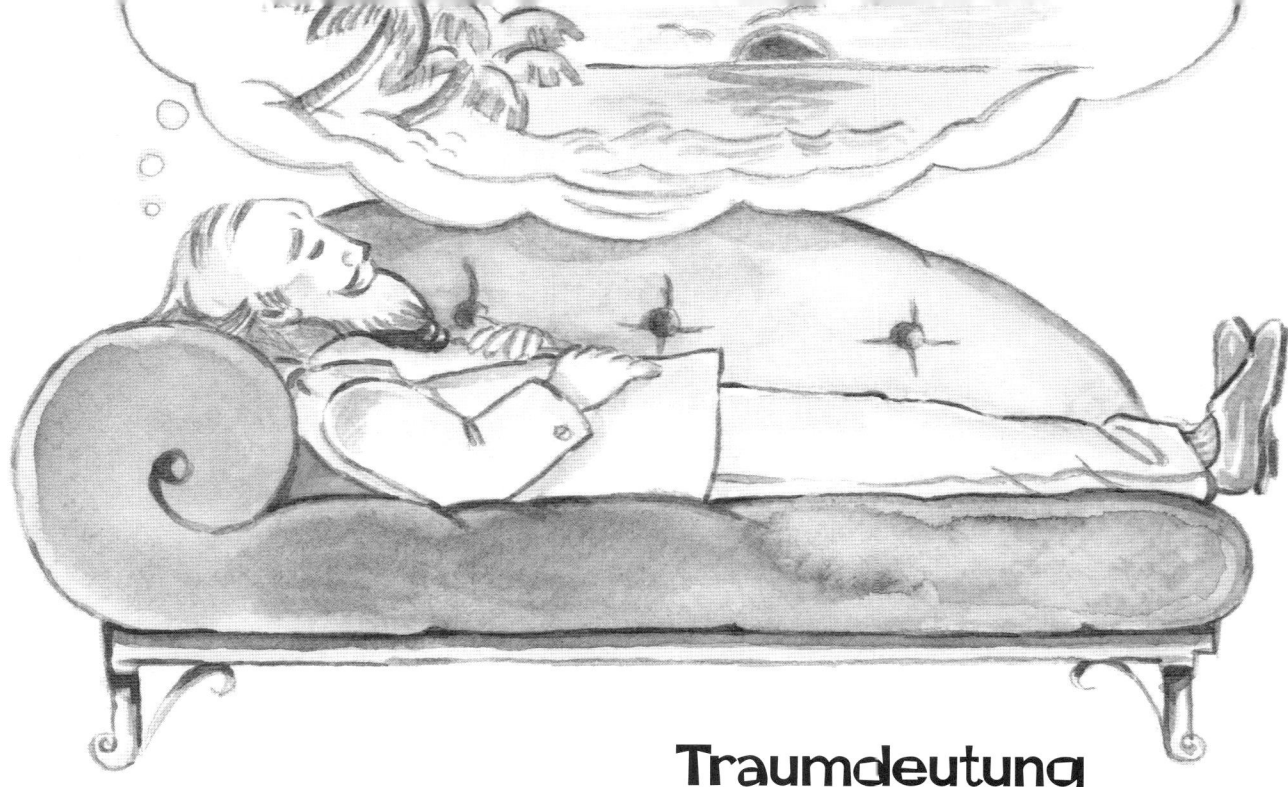

Die Kinder bilden Paare.

Ein Kind hält die Stoppuhr.

Das andere Kind setzt den Pulsmesser an die Stelle seines Handgelenkes, an der es den eigenen Puls spürt.

Das erste Kind gibt dem anderen ein Startzeichen und drückt die Stoppuhr.

Das zweite Kind beginnt die Schläge des Pulses leise zu zählen.

Ist eine Minute um, bringt das erste Kind die Uhr zum Stoppen.

Das zweite Kind hört auf zu zählen und nennt die Pulsschläge, die sein Herz in einer Minute gemacht hat.

Die Kinder tauschen die Instrumente und messen nun den Puls des ersten Kindes.

Varianten

- Die Kinder machen 10 Kniebeugen und messen anschließend den Puls.
- Die Kinder legen sich 5 Minuten ruhig auf den Boden und messen dann den Puls.

Wie unterscheiden sich die Pulsschläge im ruhigen Liegen und nach schneller Bewegung voneinander?

Traumdeutung

Der Patient liegt auf einer Couch und erzählt dem Arzt von seinen Träumen. In einer Psychoanalyse versucht der Arzt, diese Verschlüsselungen aufzubrechen.

Auch spielerisch können sich Kinder gerne an die eigenen Träume erinnern.

Material: Papier, Buntstifte oder Wasserfarben; evtl. Bleistift

Alter: ab 5 Jahren (mit Variante ab 8 Jahren)

Die Gruppenleitung verabredet mit den Kindern, dass sie sich am nächsten Morgen von ihren Träumen der letzten Nacht berichten.

Gut ausgeschlafen trifft sich die Gruppe und jedes Kind malt seinen Traum oder Teile daraus, an die es sich besonders gut erinnern kann.

In einer anschließenden Diskussionsrunde beschreibt jedes Kind sein Bild.

Variante für Kinder ab 8 Jahren

Ältere Kinder, die bereits schreiben können, legen ein Blatt Papier und einen Stift neben ihr Bett und notieren ihren Traum sofort am nächsten Morgen.

Großmutters Hausrezepte

Bei Schnupfen, Bauch- und Kopfschmerzen halfen früher oftmals einfache Hausmittel. Viele Großmütter wissen heute noch, was schnell hilft und haben sicher manchen von uns schon mit heißer Milch oder Zwiebelumschlägen wieder auf die Beine gebracht.

Material: Papier, Wasserfarben oder Filzstifte; evtl. Schreibpapier, Tacker
Alter: ab 5 Jahren (mit Variante ab 8 Jahren)

Alle Kinder setzen sich an den Maltisch.
Die Gruppenleitung lässt die Kinder berichten, welche einfachen Hausmittel sie kennen.
Das können heiße Milch mit Honig bei Halsschmerzen, eine Wärmflasche bei Bauchweh, Lindenblütentee bei Erkältung und Wadenwickel gegen Fieber sein.

Jedes Kind teilt sein Papier durch eine gemalte Linie in zwei Hälften.
In die eine Hälfte malt es die Situation, z.B. eine Person, die erkältet ist.
In die andere Hälfte malt das Kind das Mittel, das gegen das Leiden hilft.
In dem Falle der Erkältung wäre das eine Tasse Tee.
In einer anschließenden Erzählrunde schauen sich die Kinder alle Bilder an.

Variante für Kinder ab 8 Jahren
Jedes Kind schreibt ein kleines Hausmittelrezept auf.
Mit Stiften oder Wasserfarben illustriert es anschließend sein Rezept.
Die Spielleitung sammelt die Rezepte ein und tackert sie an der Seite wie zu einem Heft zusammen.
Fertig ist Großmutters Hausrezeptsammlung!

Tipp
Es empfiehlt sich, den Kindern Gelegenheit dazu zu geben, zuerst bei ihren Müttern oder Großmüttern nach alten Hausmitteln zu fragen.

Vom Zelt zum Wolkenkratzer
Jeder Mensch braucht ein Dach über dem Kopf

Die ersten Menschen in unseren Gegenden lebten in Höhlen. Sie zogen als Jäger und Sammler durchs Land. Jemand, der umherzieht, ist darauf angewiesen, möglichst wenig Gepäck mit sich herumzuschleppen. Die frühen Nomaden bauten sich daher auch aus den einfachsten Materialien kleinere Zelte, die sie schnell wieder zusammenpacken konnten. Ihre Zelte errichteten sie aus Holzstangen, über die sie Tierfelle oder Laub legten. Zum Schutz vor wilden Tieren bauten sie sich Palisaden aus Lehm oder Holz.

Später, als die Menschen Bauern wurden und somit an einem Fleck lebten, schufen sie sich Häuser, die von längerer Dauer sein mussten, aus Holz oder Lehmziegeln. Stein war zwar ein haltbareres Material, aber viel zu schwer zu transportieren. Daher baute man zunächst nur Paläste und Tempel daraus.

Rätselhafte Bauwerke schufen vor vielen tausend Jahren die alten Ägypter zu Ehren ihrer mächtigen Herrscher, der Pharaonen: die Pyramiden. Entlang des Nilufers bauten die Ägypter ungefähr 70 solcher Monumente. Zusammen mit dem Baumeister bestimmte der Pharao Größe und Länge des jeweiligen Bauwerkes. Mit Werkzeugen wie Sägen, Hammer, Bohrer und Meißel lösten dann die Arbeiter große Steinblöcke aus den Steinbrüchen, um sie anschließend zu einer Pyramide zusammenzusetzen. Wie die Ägypter diese Steine zu einer Pyramide gestapelt haben, kann bis heute kein Forscher genau nachvollziehen.

Die bekanntesten Pyramiden sind die drei Pyramiden von Gizeh, die sich 10 km südwestlich von Kairo in der Libyschen Wüste befinden und das einzige noch vorhandene der sieben Weltwunder sind. Tausende von Bauarbeitern schufen diese drei Kunstwerke in über 100 Jahren mit ganz einfachen Werkzeugen wie Seilen, Rollen, Keilen und Rampen. Die beste Erfindung der Ägypter war bei diesem Projekt eine Art Schlitten auf Rollen, mit dem eine Gruppe von Menschen 90 t Stein transportieren konnte, indem sie die Steinmassen mit Rollen aufwärts über Rampen mit Hilfe von Seilen zogen. Die größte dieser drei Pyramiden ist dem Pharao Cheops gewidmet. Sie ist über 4600 Jahre alt.

Die erste Stadt mit einer Stadtmauer war die Stadt Jericho im Jahre 8000 v. chr. Zt. Hier gab es Lehmhäuser und Tempel, um die eine Schutzmauer aus Lehmziegeln gebaut worden war. Diese ersten Lehmziegel fertigten die Menschen aus Lehm und Stroh an, indem sie das Material in hölzerne Gefäße gaben. Das Stroh sorgt dafür, dass der Lehmziegel nicht rissig wird und schützt bei Regen, denn Lehm weicht schnell im Wasser auf. Das klappt gut, denn die meisten Städte der Frühzeit lagen an lehmreichen Flussebenen. Eine weitere Erfindung der Mesopotamier war das Brennen der Lehmziegel in Feuer. Damit wurden die Ziegel wasserdicht und noch widerstandsfähiger.

Wunderbare Meisterwerke schufen die Baumeister des alten Roms und des alten Griechenlands. Auch erfanden sie den Zement, eine Mischung aus Sand und Wasser. Aus diesem Gemisch wird Mörtel, wenn man es trocknen lässt, und wenn man Kiesel zugibt Beton. Aus Beton lassen sich Mauern, Burgen und Türme errichten. Den Mörtel braucht man, um einzelne Steine miteinander zu verbinden. Die Römer mischten außerdem noch Vulkanasche hinzu.

Aber die Menschen bauten nicht nur Häuser, sondern auch Straßen und Kanäle. Von Bedeutung sind in diesem Zusammenhang die Aquädukte der Etrusker. Im Jahre 720 v. chr. Zt. schufen zunächst die Etrusker und nachher die

Römer in Italien steinerne Abflussrohre und Kanäle. Die Römer ließen sich noch etwas Besonderes einfallen. Sie verlegten ihre Kanäle und Abflussrohre mit steinernen Bogenbrücken, den so genannten Aquädukten.

Besonders reizvoll erschien es den Menschen immer höher hinaus zu bauen. Mit dem Industriezeitalter kam auch die Zeit der Hochhäuser und Wolkenkratzer. Im Zeitalter des technischen Fortschritts gab es viele Unternehmen, die eine Menge Büros benötigten. Natürlich mussten die Büros zentral in einer Stadt gelegen sein und möglichst in der Nähe anderer Unternehmen. Die ersten Hochhäuser entstanden in der Zeit von 1870–1880 in New York. Doch bevor die Menschen Hochhäuser bauen konnten, mussten sie erst einmal vieles andere erfunden haben, etwa den Fahrstuhl, das Stahlgerüst und die Glühbirne. Die ersten Fahrstühle wurden noch mit Dampf betrieben, bevor sie später mit Elektrik in Bewegung gesetzt wurden. Auch waren die Architekten der Hochhäuser gehalten, das Fundament besonders zu verstärken, damit der Wolkenkratzer nicht bei der ersten Brise umkippt. Dazu müssen Pfeiler tief mit einem Felsuntergrund verankert sein.

Der erste richtige Wolkenkratzer war übrigens das 1913 fertig gestellte *Woolworth Building* in New York.

Eine Wasserleitung nach Nemausus

Der blaue und der rote Stern schwebten schon eine Weile über der Erde, da rief Seren plötzlich: „Was ist das Seltsames da unten! Das sieht so anders aus als die Häuser, die die Menschen sonst bauen!"

Nein, wohnen konnte niemand in diesem gigantischen Bauwerk. Und dennoch war es beeindruckend. „Das ist der Pont du Gard", stellte der blaue Stern fest. Seren war sich plötzlich ganz sicher, dass Aurad schon mehrmals heimlich die Galaxie verlassen hatte. Er hatte ja schon nahezu alles gesehen auf dieser Erde! War er denn nie von der großen Sonne erwischt worden? Bevor sie ihn danach fragen würde, wollte sie aber mehr über dieses seltsame Gebilde erfahren.

„Bitte erklär' mir, warum das Ding so einen komischen Namen hat. Und warum dort keine Menschen wohnen!", wandte sie sich an ihren Freund.

„Menschen wohnen in Häusern", sagte Aurad „dieses hier ist eine Wasserleitung und eine Brücke. Die Römer bauten vor allem Brücken, um Wasser zu leiten. Diese Brücken nannten sie Aquädukte."

„Aquä ... wie?"

„,Aquaeductus' ist das lateinische Wort für Wasserleitung. Diese Wasserleitung hier, die der römische Bauherr Marcus Vipsanius Agrippa, übrigens ein Freund des Kaisers Augustus, vor wahnsinnig langer Zeit bauen ließ, leitete das Wasser aus einer Quelle in die römische Großstadt Nemausus. Später gehört Nemausus zu Frankreich und heißt dann Nîmes."

Seren schaute sichtlich beeindruckt die Wasserleitung an. Es handelte sich um zwei übereinander liegende Reihen von Arkaden. Wie hatten die Römer das bloß hingekriegt? „Wo ist denn die Pumpe, die das Wasser durch die Leitung pumpt?", wollte sie wissen. Der blaue Stern lachte: „Sie haben die Wasserleitung ohne Pumpe

und ohne andere technische Hilfsmittel gebaut. Das Wasser floss alleine aufgrund des leichten Gefälles."

Oh, da mussten wahre Meister am Werk gewesen sein, um das Gefälle zwischen dem Rand der Berge und der Quelle zu berechnen. Die Architekten des Pont du Gard sollten sich doch bei so viel Aufwand sicher sein, dass sie alles richtig berechnet hatten und die Wasserleitung auch funktionierte! Immerhin mussten über 1000 Knechte Steine schleppen und schuften und es dauerte ganze drei Jahre, bis das Aquädukt fertiggestellt wurde.

Vom blauen Stern erfuhr Seren auch, dass täglich bis zu 30.000 l Trinkwasser durch die Leitung nach Nemausus floss. Die Wasserleitung war mit einer Art Zementschlamm abgedichtet und mit einfachen Steinplatten abgedeckt worden.

Und da hing sie nun mit Aurad am Himmel über dem Pont du Gard und genoss den Anblick dieses imposanten römischen Bauwerks. Der Himmel färbte sich am Horizont ein wenig rosa. Die Sonne schien sich schlafen zu legen und hat auch dieses Mal die beiden Sterne, die sich davongeschlichen hatten, nicht bemerkt. Wie romantisch doch Wasserleitungen sein können, dachte Seren bei sich und freute sich auf die nächste Erfindung der Menschen, die Aurad ihr zeigen würde.

Ein einfaches Zelt bauen

Ein Zelt ist schnell gebaut. Die Kinder brauchen dafür nur ein Seil, eine große Decke und zwei sich gegenüber stehende Bäume.

Material: 1 Seil, 1 große Decke, ein paar große Steine zum Beschweren; evtl. 1 weitere Decke
Alter: ab 3 Jahren
Ort: draußen zwischen zwei Bäumen

Zwei Bäume auf einer Wiese suchen.
Von einem Baum zum anderen das Seil in Augenhöhe spannen. Die Enden werden dabei einmal straff um den Stamm gewickelt und mit einem Doppelknoten verknotet.
Die Decke in der Mitte so über das Seil legen, dass sie noch über den Boden reicht.
Die Decke an beiden Enden straff ziehen und über die Enden ein paar Steine zum Beschweren legen.
Wer es ganz gemütlich im Zelt haben möchte, kann auf den Boden eine weitere Decke legen.

Die Pyramide von Gizeh

Diese Aktion ist eine Akrobatiknummer. Sechs Kinder bilden mit ihren Körpern eine Pyramide.

Alter: ab 6 Jahren
Anzahl: 6 Kinder

Die sechs Kinder teilen sich in drei Gruppen, wobei die drei schwersten Kinder eine Gruppe bilden, zwei Kinder mit mittlerem Gewicht die zweite Gruppe. Das leichteste der sechs Kinder bleibt allein als dritte Gruppe.

Die drei schwersten Kinder stellen sich in einer Reihe nebeneinander auf. Sie beugen ihren Oberkörper leicht nach vorne und stehen mit beiden Füßen fest auf dem Boden.
Zwei Kinder klettern auf die Rücken der unteren Reihe. Sie stützen sich mit jeweils einer ihrer Körperhälften auf den Rücken eines äußeren und mit der anderen auf den Rücken des mittleren Kindes.
Erst wenn beide Reihen ihr Gleichgewicht gefunden haben und stabil auf dem Boden stehen, klettert das leichteste Kind auf die Rücken der beiden Kinder in der zweiten Reihe und bildet den Abschluss.

Vorsicht, Einsturzgefahr!

Ein Haus sehr weit in die Höhe zu bauen, ist ganz schön schwierig. Bei diesem einfachen Spiel versuchen die Kinder mit Steinen, die sie draußen zuvor gesammelt haben, ein möglichst hohes Haus zu bauen.

Material: viele kleine Steine
Alter: ab 5 Jahren

Alle Kinder setzen sich im Kreis auf den Boden.
Die Kinder teilen die unterschiedlich großen Steine untereinander auf, damit jedes Kind gleich viele Steine hat.
Das erste Kind legt den ersten Stein des Hauses. Der Reihe nach im Uhrzeigersinn legt jedes weitere Kind einen der Steine.
Nachdem die Kinder den Grundriss z. B. in Form eines Kreises gelegt haben, können sie das Haus in die Höhe bauen.
Jedes Kind darf immer nur einen Stein legen.
Fällt das Haus in sich zusammen, nimmt das Kind, das den letzten Stein gelegt hat, alle Steine an sich und beginnt wieder von vorne.
Wer hat als erstes alle seine Steine verbaut?

Pusteblumen-Aquädukt

Die Stängel von Pusteblumen sind hohl und daher wunderbar als Wasserleitungen zu benutzen.

Material: alte Dosen und Jogurtbecher, 1 Dosenmilchöffner, offene Plastikschälchen u. ä., viele gesammelte Pusteblumenstängel, Wasser, Steine oder alte Kisten
Alter: ab 5 Jahren

Mit Hilfe des Dosenmilchöffners bohren die Kinder zwei gegenüber liegenden Löchern in die Dosen und Gefäße (ziemlich weit unten).
In eines der Löcher stecken sie einen Pusteblumenstängel als Eingangswasserrohr und in das andere einen Stängel als Rohr, aus dem das Wasser wieder abfließen kann.
Mehrere Stängel ineinander gesteckt ergeben lange Wasserleitungen.
Die Leitungen sollten in einem der Schälchen, dem so genannten Sammelbecken, münden.
Das Aquädukt auf Steine oder alte Kisten stellen, damit es über unterschiedliche Höhen und Tiefen führen und das Wasser von oben nach unten fließen kann.
In das höchstliegende Sammelbecken Wasser füllen und zusehen, wie das Wasser fließt!

Schubkarrenrennen

Um den Transport von Baumaterial und schweren Steinen zu vereinfachen, erfanden die Chinesen im 1. Jh. n. chr. Zt. die Schubkarre. Das Besondere an dieser Erfindung ist, dass sich mit der Schubkarre Gegenstände mit mehr Gewicht als dem eigenen Körpergewicht ohne viel Kraftaufwand transportieren lassen.

Material: Schnur oder Stock zur Markierung
Alter: ab 4 Jahren
Ort: freie Fläche draußen

Die Kinder bilden Kleingruppen, die jeweils aus zwei Kindern bestehen: einer Schubkarre und einem Läufer.
Es treten immer zwei Gruppen von SpielerInnen gegeneinander an.
Die Spielleitung legt die Schnur oder den Stock zur Markierung auf einer freien Fläche auf den Boden und misst dahinter z. B. 15 große Schritte ab.
Je kleiner die Kinder sind, desto kürzer sollte die Rennstrecke sein.
Die beiden Gruppen bringen sich hinter der Markierung in Position.
Das Schubkarrenkind stützt sich mit den flachen Händen auf den Boden und lässt sich von dem Läufer unter beiden Beinen in Höhe der Kniekehlen greifen.
Die Spielleitung gibt das Startzeichen und beide Gruppen laufen los.
Der Läufer führt die Schubkarre.
Die Schubkarre darf nur mit den Händen zum Ziel laufen.
Die Gruppe, die als erste durchs Ziel gelaufen ist, darf entscheiden, wer als nächstes an den Start geht.

Kochen, Braten, Backen

Mit dem Feuer kam die Esskultur

Die ersten Menschen waren den ganzen Tag damit befasst, ums Überleben zu kämpfen. Sie mussten ständig nach neuer Nahrung, Unterkunft und Wärme suchen. Dabei orientierten sie sich an den Jahreszeiten und an den Tieren. Die Nahrung, die sie zu sich nahmen, aßen sie roh. Eine geradezu einschneidende Veränderung in der Geschichte der Menschheit war die Entdeckung des Feuers. Feuer entstehen zu lassen und unter Kontrolle zu halten, veränderte das gesamte Leben der Menschen. Feuer schreckte wilde Tiere ab und gab den Menschen Schutz vor diesen. Feuer lieferte darüber hinaus Wärme und Licht, und mit Feuer konnten die Menschen Substanzen verändern, z. B. die Nahrung. Zunächst grillten die Menschen ihr Essen im offenen Feuer. Dann erfanden sie das so genannte Grubenkochen, um Nahrungsmittel zu garen. Dafür legten sie erhitzte Steine in eine mit Wasser gefüllte Grube. In dem daraus entstehenden Dampf lässt sich Fleisch und Gemüse garen. Noch heute kochen manche Völker z. B. in Papua Neuguinea nach dieser Methode. Mit dem Feuer ließ sich die Nahrung vollständig verändern. Gegartes Fleisch ist nicht nur bekömmlicher, weil sich die darin enthaltenen Eiweiße verändern, es ist v. a. auch reiner, denn sämtliche Krankheitskeime sterben mit dem Erhitzen automatisch ab.

Gekochtes, Gegrilltes oder Gebratenes bedeutet aber nicht automatisch eine Verbesserung im Geschmack. Erst die Entdeckung der Gewürze machte die Nahrungsaufnahme für die Menschen auch zum Genuss. Doch Gewürze wachsen nicht in allen Gegenden auf dieser Erde. Viele unserer Gewürze, die heute in jeder Küche vorrätig sind, gelangten erst durch die Erfindung der Schifffahrt und die Abenteuerlust einiger Seefahrer aus Asien und dem Orient nach Europa. Mittlerweile werden jährlich 120 Mio. kg Pfeffer weltweit zum Würzen von Speisen verwendet.

Das älteste europäische Gewürz ist der Kümmel, mit dem die Menschen vor über 50.000 Jahren vor der Entdeckung des Feuers rohes Fleisch würzten. Knoblauch bauten schon die alten Ägypter und Chinesen vor über 5000 Jahren an, weil sie um die gesundheitsfördernde Wirkung dieser Pflanze wussten.

Besonderen Gefallen an exotischen Gewürzen, die Händler aus Indien und von den indonesischen Inseln mitbrachten, fanden auch die alten Römer, die damit nicht nur ihre Speisen würzten, sondern auch religiöse Zeremonien vollzogen.

Es ist nicht nur interessant, wie die Speisen schmecken und wie sie zubereitet werden, sondern auch, mit welchem Werkzeug wir sie essen. Rohe Speisen lassen sich noch gut mit den Händen essen, doch als die Menschen das Kochen erfanden, standen sie vor einem neuen Problem: Wie sollte jemand ein heißes Stück Fleisch mit der Hand essen, ohne sich dabei die Finger zu verbrennen? Besteck musste also her. Bis ins 16. Jh. war in unseren Gegenden das gewöhnliche Geschirr und Besteck aus Holz, denn Holz war leicht zu haben und relativ billig. Die reicheren Menschen benutzten Geschirr aus Tonschüsseln, Zinngefäße und Trinkbecher aus Glas. Adelige hingegen speisten von kostbarem Geschirr, das aus Gold, Silber oder Bergkristall angefertigt wurde. Einen richtigen Teller, von dem heute jeder Mensch isst, gab es damals noch nicht. Das Mahl servierten die Menschen auf großen Platten. Als Teller diente jedem Hungrigen eine Brotscheibe, auf die er die Speise füllte, die vorwiegend aus Fleisch bestand. Messer besaßen die Menschen schon lange, und im Mittelalter war es üblich, dass jeder sein eigenes Messer am Gürtel trug. Aus diesem Grund gehörte es nicht zu dem üblichen Besteck, das bei einer Mahlzeit bereitgestellt wurde. Das älteste Essbesteck ist der Löffel. Die Menschen des Mittelalters aßen damit Breie und Soßen. Anfänglich hatte der Löffel nur einen ganz kurzen Stiel, damit der Benutzer seine ganze Faust darum legen konnte. Diese ersten Löffel waren ebenfalls aus Holz geschnitzt. Die Wohlhabenden besaßen Löffel aus Perlmutt, Elfenbein und Bergkristall. Erst im 15. Jh. erfand jemand den Zinnlöffel. Als schließlich die Suppe kreiert wurde, fertigten die Menschen auch Löffel mit längeren Stielen an.

Die Gabel kam zuletzt. Zwar gab es schon in Italien im 11. Jh. n. chr. Zt. Gabeln, doch bis sie überall im Abendland Verbreitung fanden, vergingen noch einmal knappe 600 Jahre. Hatte sich die Kirche bereits als Gegnerin der Mathematik und Physik und des medizinischen Fortschritts entpuppt, so war sie auch dieses Mal wieder entschieden gegen den Gebrauch von Besteck. Sie sah in Messer, Gabel und Löffel ein Werkzeug des Teufels und forderte, dass die Menschen mit der Hand essen sollten. Die ersten Gabeln bestanden übrigens nur aus zwei Zinken. Die Menschen spießten damit Obst und Süßigkeiten auf. Erst im 17. Jh. n. chr. Zt. erfand jemand die Gabel mit drei oder vier Zinken, mit der nun auch Gemüse gegessen werden konnte.

Aber nicht nur Besteck, Gewürze und Geräte zum Garen von Lebensmitteln sind wichtige und nützliche Erfindungen rund ums Essen. Die Menschen mussten sich schon immer mit dem Problem der Haltbarmachung von Nahrungsmitteln befassen.

In der modernen Gesellschaft kamen Haushaltsgeräte wie der Kühlschrank oder die Geschirrspülmaschine in die Küchen. Sie waren anfänglich sehr teuer und nur wenige Menschen konnten sich ihre Anschaffung leisten. Erst als vor ungefähr 40 Jahren diese Geräte in Massen hergestellt wurden, waren sie für jedermann erschwinglich. Noch praktischer ist aber das Einfrieren von Lebensmitteln. Der Erfindung der Tiefkühlkost geht die Beobachtung des Amerikaners *Clarence Birdseye* bei den Inuit in Grönland und Alaska voraus, Fische durch Einfrieren zu konservieren. Seit 1929 wird Tiefkühlkost in den Geschäften zum Verkauf angeboten.

Die listigen Bäcker von Wien

„Die Menschen können nicht von Luft und Liebe alleine leben!", stellte Seren fest. „Sie müssen auch etwas essen zwischendurch!"

„Aber klar!", stimmte ihr der blaue Stern zu, „zum Beispiel Croissants". Seren schaute Aurad fragend an. „Croissants? Was, bitte, ist das?" Der blaue Stern erklärte ihr: „Ein Croissant ist ein gebackener Halbmond! ‚Croissant' ist das französische Wort für Halbmond."

Aurad erzählte weiter, dass eigentlich die Wiener die Croissants erfunden haben. Und auch die Türken. Nicht aber die Franzosen. Seren war total gespannt auf diese Erfindung. Wie ist das geschehen, dass die Wiener ein Gebäck erfanden, an dem die Türken beteiligt waren und bei dessen Erwähnung jeder gleich an Frankreich denkt?

Also angefangen hat das mit den Türken. Ein großes Hobby der türkischen Bäcker war nämlich das Experimentieren mit geschichteten Teigblättern. Ursprünglich kommt dieses Volk, das die Chinesen ‚Tu'küe' nannten, aus Zentralasien. Aber es rezte die Türken, den Westen zu erobern. Und je weiter sie nach Westen kamen, um so perfekter wurde ihr Blätterteig. Der Teig wurde immer dünner, hatte dafür aber immer mehr Schichten. In Aserbaidschan angekommen, bestand der Teig bereits aus acht Teigschichten. Und als sie Osteuropa und Kleinasien, die heutige Türkei, eroberten und sich dort niederließen, schufen sie das Baklava, ein mit Nüssen und Honig getränktes Gebäck – aus Blätterteig, versteht sich.

Wie und warum kam es aber nun zum Croissant? Aurad und Seren blickten auf das Wien des 17. Jahrhunderts. Die Türken belagerten gerade die Hauptstadt der Habsburger. Seren und Aurad beobachteten, wie die Türken soeben einen Tunnel unter der Stadtmauer von Wien gruben. „Was machen die denn da?", flüsterte Seren Aurad zu. „Sie wollen sich heimlich in die Stadt hinein schleichen," antwortete dieser, „aber sie wissen nicht, dass sie sich jetzt genau unter einer Bäckerei befinden."

In der Bäckerei war helle Aufregung. Der Bäckermeister hatte eindeutig ein Geräusch unterhalb seiner Bäckerei vernommen. „Habt ihr das gehört?", flüsterte er seinen beiden Gesellen zu. „Es klingt, als ob jemand unter der Backstube gräbt!"

Vorsichtig knieten sich die Gesellen hin und lauschten mit einem Ohr auf den Boden gepresst den ungewohnten Geräuschen. „Die Türken werden doch wohl nicht versuchen, sich unter der Stadtmauer durchzugraben?", meinte einer von ihnen. „Mmh!", überlegte der Bäckermeister laut, „vielleicht doch! Am besten läuft einer von euch schnell los und alarmiert die Behörden!"

Seren sah, wie einer der beiden Gesellen zügig die Bäckerei verließ und sich auf den Weg machte. Derweil gruben die Türken ihren Tunnel unter der Backstube weiter.

Aus der geplanten Überraschung der Türken wurde leider nichts. Als sie sich nämlich endlich bis zur Oberfläche durchgegraben hatten, warteten die Wiener bereits auf sie.

Die Bäcker hatten so die Stadt gerettet und erhielten als Belohnung dafür von der Regierung die Exklusivrechte an dem Rezept der Blätterteigrollen.

„Aber wie kam es denn dazu, dass die Teigrollen in Form eines Halbmondes gebacken werden?", wollte Seren nun noch wissen. Das wusste der blaue Stern auch: „Die Türken hatten früher Byzanz erobert. Und dort lernten sie das Symbol der römischen Mondgöttin Diana kennen, den Halbmond. Weil ihnen der Halbmond so gut gefiel, haben sie das Symbol übernommen. Auch um damit der Welt zu zeigen, dass sie Byzanz besiegt hatten. Viele muslimische Länder werden übrigens den Halbmond auf ihren Fahnen tragen. Aber so weit ist es jetzt hier noch nicht. Erst einmal haben die Bäcker von Wien das Symbol der Türken entdeckt: den Halbmond. Und um überall zu zeigen, dass sie die Türken überlistet hatten, backten sie den Halbmond aus Blätterteig nach."

Seren, der kleine rote Stern war beeindruckt.

Feuer machen

Das Feuermachen war früher eine langwierige Angelegenheit. Die Kinder probieren unter Aufsicht eines Erwachsenen einmal aus, wie viel Geduld nötig ist, um Äste und Zweige zum Brennen zu bekommen.

Material: 1 kleines Holzbrett (z. B. ein ausrangiertes Frühstücksbrett), 1 Rundholz (ca. 20 cm lang, Ø 10 mm), 1 Holzleiste (ca. 50 cm lang, 10 cm breit), Bohrer (Ø ca. 10 mm), Schnur, Schere, kleine Zweige und Blätter
Alter: ab 7 Jahren

Vorbereitung
Mit dem Bohrer in die Mitte des Holzbrettes vorsichtig eine Vertiefung für das Rundholz bohren, dabei das Brett aber nicht durchbohren.
Das Rundholz in die Kerbe stecken.

Ein Stück Schnur so zurechtschneiden, dass es um ein Drittel länger als die Holzleiste ist.
Beide Schnurenden an den Enden der Holzleiste fest verknoten, dabei in der Mitte einmal um das Rundholz schlaufenartig schlingen.

Durchführung
Die Holzleiste nach rechts und links schieben, damit sich das Rundholz hin und her bewegt.
Durch die permanente Reibung der Hölzer steigt die Temperatur an.
Sobald sich die ersten kleinen Rauchwölkchen bilden, trockene Blätter und kleine Zweige an das Loch bzw. die Kerbe legen.
Mit etwas Glück wird ein Funke überspringen und die Blätter zum Brennen bringen.

Achtung!
Feuer nur unter Aufsicht von Erwachsenen machen und niemals in geschlossenen Räumen!

Naturpfanne

Um etwas in der Glut eines offenen Feuers zu brutzeln, eignet sich besonders eine Naturpfanne aus einer Astgabel und etwas Alufolie.

Material: 1 Astgabel mit langem Stiel, 1 Stöckchen, Schnur, Alufolie
Alter: ab 5 Jahren

Mit der Schnur die Enden des Stöckchen an der oberen Öffnung der Astgabel festbinden.
Ein großes Stück Alufolie auf das Gerüst legen und die Enden um die Stöcke herumbiegen, so dass diese fest fixiert sind.

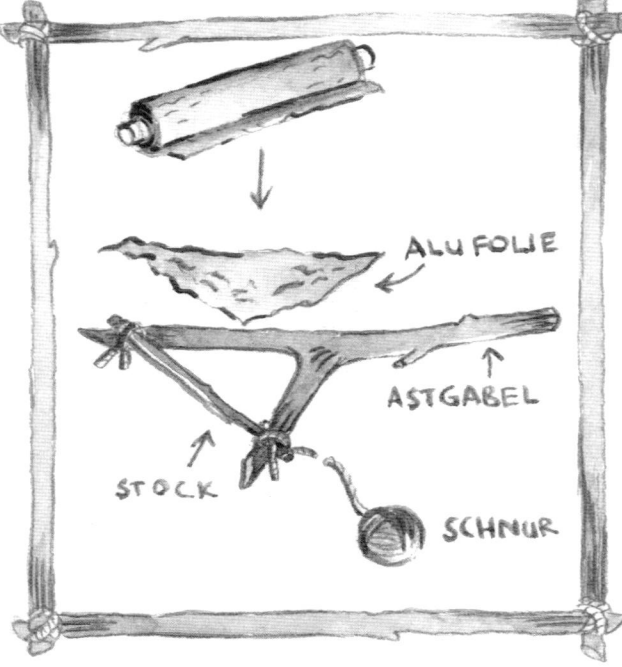

Kochen mit der Naturpfanne

Material: Naturpfanne (s. o.), 1 EL Olivenöl, offenes Feuer im Freien, evtl. Tomatenscheiben, Käsescheiben, fein geschnittenes Gemüse, 1 Ei
Alter: ab 5 Jahren

Die Alufolie der Naturpfanne mit etwas Fett bestreichen.
Tomatenscheiben mit Käse oder anderes fein geschnittenes Gemüse darauf legen oder ein aufgeschlagenes Ei.
Die Pfanne über die Glut halten und die Zutaten garen lassen.

Wildbeeren-Eis

Die Italiener sind berühmt für ihr Eis, doch erfunden haben es die Chinesen. Im Jahre 1295 lernte der italienische Kaufmannsohn Marco Polo während seines Chinaaufenthaltes das Speiseeis kennen und war so begeistert, dass er das Rezept mit nach Italien brachte. Damals bestand Eis nur aus Fruchtsaft, Zucker und Wasser. Erst 300 Jahre später kamen die Menschen auf die Idee, Sahne hinzuzufügen und so entstand unser cremiges Milcheis, das heute in jeder Eisdiele angeboten wird.
Selbst gemachtes Wildbeeren-Eis ist lecker und gesund!

Material: Pürierstab, hohe Schüssel, evtl. feines Küchensieb, kl. Eisbehälter mit Stiel oder Eiswürfelbehälter, ***-Gefrierfach oder Gefriertruhe
Zutaten: 500 g Wildbeeren, 2 reife Bananen, 250 g Jogurt, 3 EL Puderzucker
Alter: ab 3 Jahren

Wildbeeren gut waschen und Stiele und Blätter entfernen.
Die Beeren in eine Schüssel geben und pürieren.
Brei eventuell durch ein Sieb streichen.
Mit Bananen, Jogurt und Puderzucker vermengen und noch einmal pürieren.
In die fertigen Eisbehälter füllen und im Tiefkühlfach frieren lassen, bis die Masse fest ist.

Croissants backen

Zutaten: für etwa 30 Croissants: 20 g Hefe, 130 ml lauwarmes Wasser, 50 g Zucker, eine Prise Salz, 130 ml lauwarme Milch, 40 g Butter, 260 g Süßrahmbutter, 500 g Mehl, 1 Ei, Mehl für die Arbeitsfläche, etwas Öl

Material: 3 große Schüsseln, 1 kleiner Topf, 1 Küchenhandtuch, 1 flacher Teller, 1 Nudel-holz, 1 scharfes Messer, 2 Backbleche, Back-ofen, Gabel, tiefer Teller, Pinsel

Alter: ab 4 Jahren

In der ersten Schüssel die Hefe mit 2 EL lau-warmem Wasser vermischen und zugedeckt gehen lassen.

In die zweite Schüssel Zucker und Salz geben und 2 EL von der lauwarmen Milch hinzugeben.

Restliche Milch und das restliche Wasser mit der gesamten Butter in einem kleinen Topf auf dem Herd erhitzen, bis diese geschmolzen ist.

Mehl in die dritte Schüssel geben und mit dem Zucker-Salz-Gemisch verkneten.

Die in Wasser und Milch geschmolzene Butter und die vorgegangene Hefe dazugeben.

Die Masse zu einem geschmeidigen Teig ver-kneten, mit dem Küchenhandtuch zudecken und an einem warmen Ort ungefähr eine Stun-de gehen lassen.

Hat der Teig sein Volumen verdoppelt, ihn auf einen flachen, leicht mit Mehl eingestäubten Tel-ler legen und zugedeckt 2–3 Stunden im Kühl-schrank abkühlen lassen.

Den Teig aus dem Kühlschrank nehmen, Back-bleche mit Öl einfetten und den Backofen auf 200 °C vorheizen.

Den Teig in zwei gleich große Teile teilen und die erste Portion auf der bemehlten Arbeits-fläche ausrollen.

Mit dem Messer in 15 Dreiecke teilen.

Jedes Dreieck von der breiten Kante aus auf-wickeln, so dass die Spitze zuletzt aufgewickelt wird.

Anschließend den Teig so biegen, dass er eine Hörnchenform erhält.

Die Hörnchen auf die Backbleche legen.

Das Ei mit einer Gabel in einem tiefen Teller ver-quirlen und mit einem Pinsel auf die Hörnchen streichen.

Mit der zweiten Portion Teig ebenso verfahren.

Die Croissant jeweils etwa 15 Minuten backen.

Die Backzeit kann ein bisschen variieren, so dass es sich empfiehlt, immer mal wieder nach-zuschauen, ob die Croissants braun geworden sind.

Nach dem Backen kurz abkühlen lassen.

Guten Appetit!

Die Erfindung der schönen Dinge

Weder Nützliches noch Notwendiges

Die meisten Erfindungen sind zunächst einmal vor allem nützlich. Menschen haben sie erfunden, damit ihr Leben angenehmer und weniger strapaziös ist. Mit dem modernen Leben haben die Menschen an freier Zeit dazugewonnen. Sie sind nicht mehr den gesamten Tag nur damit beschäftigt, auf Nahrungssuche zu gehen und sich vor Kälte und wilden Tieren zu schützen. Sie können sich mit angenehmen Dingen beschäftigen.

Aber auch in früheren Zeiten waren die Menschen, was Spaß und Zerstreuung anging, sehr erfinderisch. Sie tüfftelten Spiele aus. So ist z. B. das Kegeln eine ägyptische Erfindung, die schon älter als 5000 Jahre ist. Damals warfen die Spieler mit Steinkugeln nach Kegeln. Die Griechen bevorzugten das Fußballspielen mit Tierblasen, die sie mit Luft füllten. In Mesopotamien spielten die Menschen schon 2450 v. chr. Zt. Domino. Mit besonderer Hingabe beschäftigten sich die Maya und Azteken in Mesoamerika mit den verschiedensten Formen von Ballspielen. Mit einem Ball aus Kautschuk bewegten sich zwei gegnerische Gruppen über den Platz, um den Ball ins gegnerische Feld zu bringen. Der Ball symbolisierte für sie die Sonne, der Platz die Welt und das Spiel die Bewegung des Weltalls. Das älteste Spielzeug ist die Puppe, eine Nachbildung des Menschenkindes. Die ersten Puppen waren aus Holz und Ton. Später stellten die Menschen Puppen aus Leder, Porzellan oder Pappmaché her.

Zu den schönen Dingen, die neben den nützlichen existieren, gehört natürlich nicht nur das Spiel, sondern auch die Kunst. Unter Kunst verstehen wir etwas Schöpferisches und Gestalterisches. Musik, Gemälde, Theater, Gedichte und Romane, das alles ist Kunst.

Die ersten Bilder malten die Menschen mit farbiger Erde an die Wände von Höhlen oder sie ritzten mit Stöcken oder Fingern Zeichen und Bilder in den weichen Höhlenstein. Sie stellten fest, dass sie mit weichem Ton ihre Umwelt nachformen konnten. Das war der Anfang der Skulptur. Sie bearbeiteten Steine mit geeignetem Werkzeug und gaben ihnen Form. Der Wunsch, etwas Schönes zu schaffen, zeigte sich auch an den alltäglichen Gebrauchsgegenständen. Überall auf der Welt verzierten die Menschen nützliche Dinge, z. B. Gefäße.

Mit hohlen Kalebassen, auf die geschlagen wurde, erzeugten die Menschen die ersten Rhythmen. Schon um 3000 v. chr. Zt. haben sie Musikinstrumente wie Harfen, Trommeln und Flöten erfunden. Dass sie zu den Klängen tanzen können, fanden sie schnell heraus. Aber das erste Musikinstrument der Menschen war mit Sicherheit die Stimme. Um Töne und Rhythmen festzuhalten, schrieben schon die alten Griechen ihre Musik in Form von Buchstaben auf. Notenlinien, wie wir sie heute kennen, führte Guido di Arezzo um 1026 ein. Erst im Jahre 1500 erfand man Zeichen für Notenlänge und Takt.

Die Erfinder der Theaterkunst sind zweifelsfrei die Griechen. *Homer* verfasste um 750 v. chr. Zt. berühmte Stücke wie „Ilias" und „Odyssee". Theaterstücke werden im alten Griechenland in den eigens dafür gebauten Amphitheatern aufgeführt. Das sind kreisrund angelegte Theater unter freiem Himmel, deren Sitzreihen ansteigend gebaut sind.

Manche Dinge, die unsere Freizeit ein wenig versüßen, sind noch gar nicht so alt. Taschenbücher gibt es erst seit den 30er Jahren des letzten Jahrhunderts. Ihre Produktion ermöglicht vielen Menschen, Bücher zu erschwinglichen Preisen zu kaufen.

Auch heute erfinden die Menschen immer mehr Dinge, die unsere arbeitsfreie Zeit angenehm machen sollen. Die riesige Unterhaltungsindustrie verdient eine Menge Geld mit immer mehr Möglichkeiten und Angeboten.

Kindergeburtstage, Kaugummi und Seifenblasen

„Haben die Menschen immer nur nützliche Dinge erfunden?", fragte der kleine rote Stern. „Nein, meine Liebe!", antwortete Aurad. „Es war zwar lange Zeit in Mode, Nützliches zu erfinden, Dinge, die zu gebrauchen sind und eine Sinn haben. Aber die Menschen haben auch eine ganze Menge Unsinniges erfunden!"

Aurad überlegte. Dann sagte er: „Zum Beispiel Kindergeburtstage. Und Kaugummi und Seifenblasen!"

„Kindergeburtstage, Kaugummi und Seifenblasen?" Seren wurde neugierig.

„Komm', schauen wir uns einen Kindergeburtstag an. Da gibt es sicher vieles zu entdecken, was weder nützlich ist noch einen Sinn hat. Ein Kindergeburtstag soll ja schließlich vor allem Spaß machen! Und wenn wir Glück haben, wirst du lauter sinnloses Zeug sehen!", schlug Aurad vor.

Während die beiden Sterne mit ihren schweren Sternenkörpern über der Erde schwebten, erklärte Aurad, dass sich die Menschen lange Zeit überhaupt nichts aus Geburtstagen gemacht haben. Ja, die Mütter der neugeborenen Kinder merkten sich noch nicht einmal das Datum der jeweiligen Geburt. Also konnte auch niemand später seinen Tag feiern. Erst Marco Polo stellte im 13. Jahrhundert in China fest, dass die Chinesen sehr wohl ihren Geburtstag kannten. In Asien begannen die Menschen zuerst, ein Fest anlässlich ihres Geburtstages zu geben. In Persien zum Beispiel, dem heutigen Iran, feierten die Menschen ihre Geburtstage und verspeisten Unmengen an Süßigkeiten an diesem Tag. Eine Weile schwebten die beiden Sterne über verschiedene Wohnsiedlungen. Sie schauten in jeden Garten. Es muss doch irgendwo ein Kind geben, das heute Geburtstag hat und seine Freunde eingeladen hat, wunderten sie sich. Und da hörten sie auch endlich Kinderstimmen. Hier war die Party anscheinend schon voll im Gange. Lauter quietschvergnügte Kinder. Sicher keines älter als acht Jahre. In der Mitte des Gartens stand ein langer Tisch. Und darauf etwas furchtbar Buntes, von dem die Kinder aßen. „Da hast du schon die erste sinnlose Erfindung: die Geburtstagstorte!", flüsterte Aurad seiner Freundin zu. „Geburtstagstorten haben die Anhänger der Mondgöttin Artemis erfunden. Weil sie an Neumond Geburtstag hatte, stellte man Kerzen in den Kuchen, um das Licht des Mondes darzustellen! Aber inzwischen haben die Menschen das vergessen und stellen pro Lebensjahr, das das Geburtstagskind erreicht hat, eine Kerze auf den Kuchen."

Die Kinder sprangen im Garten herum und tatsächlich sichtete Seren auch Kinder, die ständig auf etwas herumkauten, das gar nicht weniger zu werden schien.

„Das sind Kaugummis – schon eine sehr alte Erfindung", erklärte Aurad. „In Schweden haben Wissenschaftler gar einen Kaugummi ausgegraben, der 9000 Jahre alt ist."

Seren schaute den blauen Stern ungläubig an. Aber dieser fuhr fort: „Er war natürlich

nicht aus denselben Zutaten gemacht wie die modernen Kaugummis, die Menschen kauten damals lediglich auf Birkenpech herum."

„Und wer erfand das moderne Kaugummi?", fragte Seren.

„Die Erfindung des Kaugummis haben die Menschen wieder einmal dem glücklichen Zusammentreffen mehrerer Umstände zu verdanken. In Mexiko gab es den eingedickten Saft eines Baumes, den die Bewohner „Chicle" nennen. Der Amerikaner Thomas Adams entwickelte daraus das Kaugummi. Berühmt wurde es aber erst durch Walter Wrigley, der eigentlich Backpulver verkaufte und jedem seiner Kunden eine kleine Kaugummikugel schenkte, um Werbung für sein Backpulver zu machen. Die Kunden waren so begeistert davon, dass Walter Wrigley bald die erste Kaugummifabrik erbaute."

„Aha!", staunte Seren. Plötzlich sah sie Kinder mit Seifenblasen. „Wie schön!" schwärmte sie, „aber die Seifenblasen platzen so schnell!"

„Das liegt an der Schwerkraft. In der Blase befindet sich an den Wänden immer etwas Wasser. Schwebt die Seifenblase davon, wird das Wasser von der Schwerkraft angezogen, die Wände werden immer dünner und zum Schluss platzt die Blase."

Auch Aurad fand das bedauerlich.

Ur-Scrabble

1950 wurde das Buchstabenspiel „Scrabble" erfunden.

Material: Papier, Stift
Alter: ab 8 Jahren
Anzahl: in kleinen Gruppen

Vorbereitung

Ein Wort überlegen (z. B. ERFINDUNG) und von oben nach unten senkrecht in Großbuchstaben auf das Blatt schreiben.

Durchführung

Wörter suchen, die mit den jeweiligen Buchstaben beginnen und hinschreiben.

Variante 1 (etwas schwieriger)

Das Wort in die Mitte des Blattes schreiben (senkrecht oder waagerecht) und Wörter suchen, welche die entsprechenden Buchstaben im An-, im Auslaut oder mittendrin haben und hinschreiben.

Variante 2 (für Spezialisten)

Jeweils ein Wort waagerecht, ein Wort senkrecht, wieder eines waagerecht usw. einfügen, wobei die bereits vorhandenen Buchstaben berücksichtig und in die hinzugefügten Wörter integriert werden.

Künstlerfarben herstellen

Material: leere Marmeladengläser mit Schraubverschluss, Tempera-Pulver in verschiedenen Farben (Geschäft für Zeichenbedarf), 1 Tasse, 1 Gabel, Wasser; evtl. Kondensmilch, Spülmittel, Mehl, Zucker, Sand
Alter: ab 5 Jahren

Die Kinder mischen eine Farbe im Verhältnis: 1 Tasse Wasser zu 2 Tassen Tempera-Farbpulver in einem leeren Marmeladenglas und verrühren das Farbgemisch mit der Gabel.
Für jede Farbe ein extra Glas anlegen.

Varianten

Die Farben bekommen mit folgenden Zusätzen einen anderen Charakter:

- $1/2$ Tasse Kondensmilch: wasserfest
- 2 EL Spülmittel: schmierig
- 1 EL Mehl: dick
- $1/2$ TL Zucker: rau
- $1/2$ TL Sand: körnig
- weniger Wasser: intensiver Farbton
- mehr Wasser: blasser Farbton

Ein Porträt malen

Mitte des 16. Jh.s erfanden die Menschen die Porträtmalerei. Die Wohlhabenden und Adeligen ließen sich malen, damit die Nachwelt ein Bild von ihnen hatte.

Material: große Bögen Papier, Künstlerfarben selbst gemacht (s. S. 88), Pinsel, Wasser
Alter: ab 4 Jahren

Zwei Kinder setzen sich einander gegenüber. Jedes Kind erhält ein Blatt, holt sich seine gewünschten Farben und stellt ein Wasserglas mit Pinsel vor sich.
Die Kinder malen sich gegenseitig und zwar nur das Gesicht.

Jeu de paumes

‚Paume' heißt Handfläche auf Französisch und ‚Jeu' heißt Spiel. ‚Jeu de paumes' spielen die Beteiligten mit ihrer Handfläche. Später entstand daraus Tennis und die Spieler benutzten nicht mehr ihre Hände, sondern flache Schläger. Im Mittelalter spielten Mönche in Burgund mit der flachen Hand und einem Ball in ihren Klosterhöfen eine frühe Form von Tennis. 200 Jahre später kamen Netz und Schläger dazu. Das eigentliche Tennis erfanden die Engländer erst in Zusammenhang mit dem Rasenmäher und dem Gummiball, denn Tennis wurde zunächst auf einem kurz geschorenen Rasen gespielt. Richtige Regeln stellten sie 1877 in Wimbledon in London auf, wo heute noch das größte Rasenplatzturnier der Welt stattfindet.

Material: 1 Stück Kreide, 1 Ball
Alter: ab 4 Jahren (mit Variante für ältere Kinder)
Anzahl: jeweils 2 Spieler
Ort: freie Asphaltfläche

Die SpielerInnen zeichnen auf eine freie Asphaltfläche einen großen Kreis mit einem Durchmesser von etwa 2–3 großen Schritten.
Die SpielerInnen stellen sich außerhalb des Kreises ein wenig von der Linie entfernt so auf, dass sie sich gegenüber stehen.
Ein Kind schlägt den Ball mit der flachen Hand in die Kreismitte.
Der Ball kommt auf und springt zum anderen Kind.
Dieses schlägt den auf ihn zukommenden Ball sofort wieder in die Mitte.
Gerät der Ball außerhalb der Kreises oder wird von einem der Kinder nicht getroffen, fangen die SpielerInnen wieder von vorne an.

Variante für ältere Kinder
Macht einer der beiden SpielerInnen einen Fehler und der Ball gerät aus dem Kreis oder wird nicht getroffen, gibt das einen Punkt für den Gegner oder die Gegnerin.
Wer am Ende des Spiels die meisten Punkte gesammelt hat, hat gewonnen.

Seifenblasen selbst gemacht

Eine besondere spaßige Erfindung zum Zeitvertreib sind Seifenblasen. Die Kindergruppe kann ihre Seifenblasenlauge selbst herstellen.

Material: 1 Schneebesen, 1 Schüssel, Puderzucker, Spülmittel, 1 Teelöffel, 1 Tasse destilliertes Wasser, 1 TL Glyzerin, Seifenblasenringe aus alten Seifenblasen-Döschen oder einen aus Gartendraht gebogenen Ring, evtl. Waschmittel, Kernseife, Autoshampoo, Neutralreiniger
Alter: ab 3 Jahren

Ansetzen der Seifenblasen-Lauge
2 TL Puderzucker und 4 TL Spülmittel in eine Schüssel geben.
Mit dem Schneebesen so lange verrühren, bis alle Klümpchen verschwunden sind.

Einen großen Becher destilliertes Wasser dazugießen und die Mischung kräftig durchrühren. Zur längeren Haltbarkeit der Lauge 1 TL Glyzerin in die Flüssigkeit einrühren.

Durchführung
Die Seifenblasenringe in die Lösung tauchen, abtropfen lassen und vorsichtig pusten.

Varianten
Es können auch andere Flüssig-Laugen, z.B. mit Waschmittel, Kernseife, Autoshampoo oder Neutralreiniger ausprobiert werden.

Achtung!
Reinigungsmittel, destilliertes Wasser und Glyzerin können gesundheitsschädigend sein, sobald sie geschluckt werden. Darum nur unter Aufsicht eines Erwachsenen anrühren und die Seifenlauge nur im Freien benutzen.

Mailen, Simsen, Anrufen

Erfindungen der Kommunikation

Der Mensch lebt nicht alleine auf der Erde. Es gibt noch andere Menschen um ihn herum. Jeder Mensch ist einzigartig und hat eine eigene Vorstellung von der Welt, eine eigene Meinung über dieses und jenes und eigene Wünsche. Um mit den anderen Menschen möglichst friedlich zusammenleben und das Zusammenleben genießen zu können, müssen die Menschen sich mitteilen. Sie müssen kommunizieren. Kommunikation bedeutet Informationen austauschen und sich verständigen. Sehr schnell entstand die Sprache. Dann erfanden sie die Schrift. Damit können sie auch unabhängig von Raum und Zeit anderen Informationen zukommen lassen. Es gibt die unterschiedlichsten Formen und Möglichkeiten der Kommunikation. Menschen teilen sich mit durch Bilder, die sie malen, durch Bücher, die sie schreiben, und durch Musik, die sie machen.

Vor über 30.000 Jahren erzählten die Menschen Geschichten in ihren Höhlenmalereien. Daraus entwickelten sich die ersten Bildzeichen. Die alten Ägypter besaßen eine Bildschrift, die Hieroglyphen. Eine Silbenschrift erfanden die Sumerer vor über 4500 Jahren.

In Europa wurden die ersten Bücher mit Tinte und Gänsefeder per Hand geschrieben, während die Chinesen schon längst den Buchdruck erfunden hatten, um ihre Schriften zu verbreiten. Erst 1447 erfand *Johannes Gutenberg* in Europa die beweglichen Lettern aus Metall und die Druckerpresse – die Vorraussetzungen für den Buchdruck. Mit der Einführung der Zeitungen im Jahre 1609 war es möglich, Informationen noch schneller zu verbreiten.

Die Menschen waren erfinderisch, wenn es darum ging, Nachrichten und Informationen an andere weiterzuleiten. Sie benutzten Lichtsignale, Rauchzeichen, Klänge oder Rufe. Dennoch hat die Art und Weise der Informationenübertragung immer auch damit zu tun, wie weit die Menschen sich vom Fleck bewegen und wie weit sie hören oder rufen konnten. Das Fernmeldegerät Telegraf wurde 1830 erfunden, dessen Name auf das griechische Wort für „Fernschreiben" zurückgeht. Mit Stromstößen, die über elektrische Leitungen geschickt wurden, verschlüsselte man Wörter an den Empfänger, die dieser auflösen konnte. Am Ende kam ein Telegramm heraus. Das erste Telegraphenkabel verlegte man zwischen Dover und Calais im Ärmelkanal im Jahre 1851 und schon 1866 konnte man Telegramme sogar von Europa über den Atlantik schicken

Seit es die Schrift gab, war das Briefeschreiben in Mode. Doch Briefe zu verschicken konnte eine langwierige Angelegenheit sein, wenn der Adressat weit weg wohnte. Jemand musste den Brief überbringen und dafür eine weite Reise in Kauf nehmen. In den USA gab es im Jahre 1860 den so genannten Pony-Express als Briefeübermittler zwischen der Ostküste und der Westküste. Der berühmte *Buffalo Bill* ritt in nur zehn Tagen diese Strecke ab. Heute benötigen Briefe innerhalb eines Landes nur noch einen Tag oder manchmal sogar nur noch eine Nacht, um beim Adressaten einzutreffen.

Und es gibt inzwischen das Internet, um Informationen aus der ganzen Welt zu bekommen und zu liefern. Das Verschicken von elektronischen Briefen über das Internet ersetzt heute immer mehr das traditionelle Briefeschreiben. E-Mails erreichen den Empfänger in nur wenigen Minuten, auch wenn er am anderen Ende der Welt wohnt.

Viel besser noch als das Verschicken von Wörtern fanden die Menschen das direkte Sprechen miteinander über eine bestimmte Entfernung hinweg. Diese neue Erfindung, die weltweit Begeisterung auslöste, war das Telefon, dessen Geburtsjahr 1876 war.

Inzwischen tragen die meisten Menschen der modernen Gesellschaft ihre eigenen kleinen Telefone mit sich herum, die so genannten Handys. Handys klingeln immer und überall. Wer ein Handy hat, ist immer bereit, Botschaften von anderen zu empfangen, egal ob er alleine auf einer Wiese liegt oder durchs Gebirge wandert. Mit Handys können wir nicht nur telefonieren, sondern von einem Handy zum anderen Sätze verschicken, die auf dem Display abgebildet sind. Das nennen wir *Short Message Service*, kurz SMS.

Die Möglichkeit, immer erreichbar zu sein, hat auch seine Nachteile. Die Menschen konzentrieren sich nicht mehr auf die Sache, die sie gerade tun oder erleben. Sie erwarten immer Ablenkung und Information aus der Angst heraus, nicht am Puls der Zeit sein zu können. Irgendwo zu sein bedeutet eben auch immer, irgendwo anders nicht zu sein. Wir können uns nicht überall gleichzeitig aufhalten.

Außerdem können E-Mail, SMS und auch Telefonate niemals die direkte Begegnung zwischen zwei Menschen ersetzen, bei der sie sich in die Augen schauen und miteinander sprechen.

Sechs Punkte für Louis Braille!

„Interessant sind die vielen Sprachen und Geheimsprachen, die die Menschen erfunden haben!", sagte Seren. Der blaue Stern schien müde. Er antwortete nicht. Aber Seren war so begeistert, wie kleine rote Sterne nun mal sind, wenn sie etwas entdeckt haben, dass sie das Schweigen des blauen Sterns gar nicht bemerkte. „Hör' mir zu, Aurad, die Erde ist voll von diesen sonderbaren Geheimsprachen und Geheimschriften!", begann sie. „Wenn die Menschen in ein Geschäft gehen und eine Mutter für ihr kleines Kind eine Hose kaufen möchte, dann sagt sie nicht nur, sie möchte eine kleine Hose kaufen, sondern sie nennt der Verkäuferin die Zahl 104! Oder die Kinder in der Schule: Die Lehrer sagen nicht, ein Kind ist gut in Mathematik, sondern sie geben ihm eine 2! Wenn ein Mann behauptet, er hat Schuhgröße 48, dann bedeutet das, dass er Riesenfüße hat! Oder wenn die Ampel rot zeigt, heißt das ‚Stehenbleiben'." Seren war sehr angetan von der Vielfalt dieser Sprachen und Schriften, die die Menschen erfunden hatten. Aber am stärksten beeindruckte sie die Geheimschrift, die der kleine Louis erfunden hatte. Am Tag zuvor hatte Aurad dem roten Stern einen kleinen Jungen gezeigt, der unweit von der Stadt Paris entfernt lebte. Das ist in Frankreich. Dort sprechen die Menschen Französisch. Sein Vater arbeitete in einer Werkstatt, in der er das Geschirr für Pferde herstellte. Das ist das, was die Reiter den Pferden um den Hals legen, um sie lenken zu können.

Aurad hatte seiner Freundin von dem Schicksal erzählt, das der kleine Louis erleiden musste. Als Louis drei Jahre alt war, passierte nämlich etwas sehr Schlimmes. Der kleine Louis besuchte ab und zu seinen Vater in der Werkstatt. Beim Spielen verletzte er sich dort mit einem Werkzeug an den Augen und erblindete. Seine Familie war erschüttert. Dennoch bemühten seine Eltern sich sehr darum, dass Louis ein ganz normales Leben wie jedes andere sehende Kind führen konnte. Und zu einem normalen Leben gehört für ein Kind auch, dass es in die Schule geht. Die Lehrer und Eltern anderer Mitschüler waren am Anfang ziemlich skeptisch. Doch Louis wurde Klassenbester. Er empfand unheimliche Freude am Lernen, nur konnte er leider die Bücher nicht lesen. Als Louis zehn Jahre alt war, hörten seine Eltern von einer speziellen Schule für blinde Kinder. Der Gründer dieser Schule, die in Paris war, hatte eine Schrift für Blinde erfunden. Aus Kupferdraht hatte er die Formen der Buchstaben nachgebaut. Beim Lesen ertasteten die blinden Kinder jeden einzelnen dieser Buchstaben. Natürlich waren die Bücher mit diesen Drahtbuchstaben ziemlich unhandlich. Die Buchstaben mussten ja sehr groß sein, um sie richtig ertasten zu können. Eines Tages besuchte ein französischer Soldat diese Schule, in der Louis inzwischen Schüler war. Der Soldat stellte dort eine Schrift vor, die er speziell für die Armee erfunden hatte, damit die Soldaten in der Dunkelheit lesen konnten. Jeder Buchstabe bestand aus einer Anordnung von Punkten und Gedankenstrichen. Aber sein System war noch nicht richtig ausgefeilt.

Der kleine Louis war vollkommen begeistert von der Idee, aus Punkten und Strichen eine Schrift zu entwickeln. Er grübelte und grübelte, wie sich diese Schrift wohl verbessern ließ. „Ist das nicht toll, Aurad, dass Louis Braille in den Ferien solange ausprobierte, bis er die Lösung hatte?", fragte Seren. „Ja, sechs Punkte in den verschiedensten Kombinationen reichten aus, um das gesamte Alphabet darzustellen", murmelte der blaue Stern. „Louis drückte einfach die verschiedenen Punktkombinationen in Karton. Die Punkte hoben sich nun ab und waren auf diese Weise tastbar."
Zufrieden rekelte sich der kleine rote Stern am Himmel und sprach: „Und das Besondere an dieser nach ihrem Erfinder benannten Brailleschrift ist, dass sie in jede beliebige Sprache übersetzbar ist."

Tinte herstellen

Bevor 1938 der Kugelschreiber erfunden wurde, benutzten die Menschen lange Zeit Tinte, um Briefe zu schreiben. Aus färbenden Pflanzen stellen die Kinder selbst Tinte her.

Material: Plastikhandschuhe, Malkittel, 1 Holzbrett, 1 Messer, 1 Kochtopf, 1 Gabel, 1 Löffel, 1 Schüssel, 1 grobes Sieb, 1 feines Sieb, 1 Mörser, 1 Tasse, 1 Küchenreibe, leere Marmeladengläser mit Schraubverschluss
Zutaten: 1 Handvoll Pflanzen und Früchte (z.B. Rote Beete, Kirschen, Hagebutten, Färberkamille, Löwenzahnblätter, Rotkohlblätter, Kaffee, schwarzer Tee, Spinat, Himbeerblätter, Brombeerblätter, Brennnesselblätter), Wasser
Alter: ab 5 Jahren

Da viele der Pflanzen und Früchte extrem stark färben und sich die Farbe nicht immer herauswaschen lässt, ziehen die Kinder zur Herstellung der Tinte immer einen Malkittel und Plastikhandschuhe an.
Eine Sorte der Pflanzen oder Früchte mit dem Messer auf dem Holzbrett zerkleinern und fein hacken.
Das Kleingehackte in den Kochtopf geben und mit etwas Wasser zu einem Brei verrühren.
Den Brei bei mittlerer Hitze 10 Minuten kochen lassen und dabei mehrmals umrühren.
Topf vom Herd nehmen und abkühlen lassen.
Den abgekühlten Sud erst durch ein grobes, dann durch ein feines Sieb in ein Marmeladenglas füllen.
Fertig ist die Tinte!

Aus diesen Pflanzen bzw. Früchten lassen sich folgende Farben herstellen:

- Rot: Rote Beete, Kirschen, Hagebutten
- Gelb: Färberkamille, Löwenzahnblätter
- Lila: Rotkohlblätter
- Grün: Spinat, Himbeerblätter, Brombeerblätter, Brennnesselblätter

Wichtig
Die unterschiedlichen Sorten von Pflanzen und Früchten sollten nicht miteinander vermischt werden. Auch ist die selbst gemachte Tinte nicht sehr lange haltbar.

Schreibfeder

Eine passende Schreibfeder für die Tinte lässt sich aus einer Gänsefeder herstellen.

Material: 1 Gänsefeder (vom Bauernhof), 1 scharfes Messer, 1 Brett
Alter: ab 5 Jahren

Die Spitze der Gänsefeder mit dem scharfen Messer auf einem Brett schräg abschneiden. Längs eine Kerbe hineinschneiden.

Einen Brief schreiben

Damit das gute alte Briefeschreiben neben Mail und SMS nicht in Vergessenheit gerät, verabreden sich die Kinder dazu. Übrigens gab es früher auch professionelle Briefeschreiber, die für Geld anderen Menschen einen Brief schrieben. Schöne Briefe zu schreiben ist eine hohe Kunst.

Material: selbst gemachtes Papier (s. S. 25), Schreibfeder (s. S. 95), Tinte (s. S. 95); evtl. Buntstifte und Papierbögen
Alter: ab 7 Jahren (mit Variante ab 3 Jahren)

Vorbereitung

Gemeinsam überlegen die Kinder mit der Gruppenleitung, was in einem Brief stehen kann. Die Gruppenleitung sammelt die Vorschläge und schreibt sie an die Tafel, z.B.:

◆ In einem Brief kann ein aufregendes Erlebnis stehen, das der Absender mitteilen möchte.
◆ Der Absender kann in einem Brief Wünsche äußern, die er an den Empfänger richtet, z.B. der Wunsch nach einer gemeinsamen Unternehmung.
◆ Der Absender kann einen Liebesbrief oder einen Abschiedsbrief schreiben.

Durchführung

Die Kinder setzen sich an den Tisch.
Jedes Kind erhält ein Blatt Papier, ein Tintenfässchen und eine Schreibfeder.
Alle beginnen zu schreiben.
Dabei hat jedes Kind die freie Wahl, an wen es seinen Brief richten möchte. Es kann an die Oma, die Lehrerin, einen Freund oder an ein anderes Kind aus der Gruppe schreiben.
Sind alle Briefe fertig, darf jedes Kind, das möchte, seinen Brief vorlesen.
In einer Abschlussrunde sprechen die Kinder über ihre Briefe.
Vielleicht fällt ihnen z.B. auf, dass sie in dem Brief andere Botschaften gesendet haben, als sie es mit anderen Kommunikationsmittel tun.

Variante für Kinder ab 3 Jahren

Auch über Briefe mit Buntstiften gemalt und/oder geschrieben freut sich jeder Empfänger.

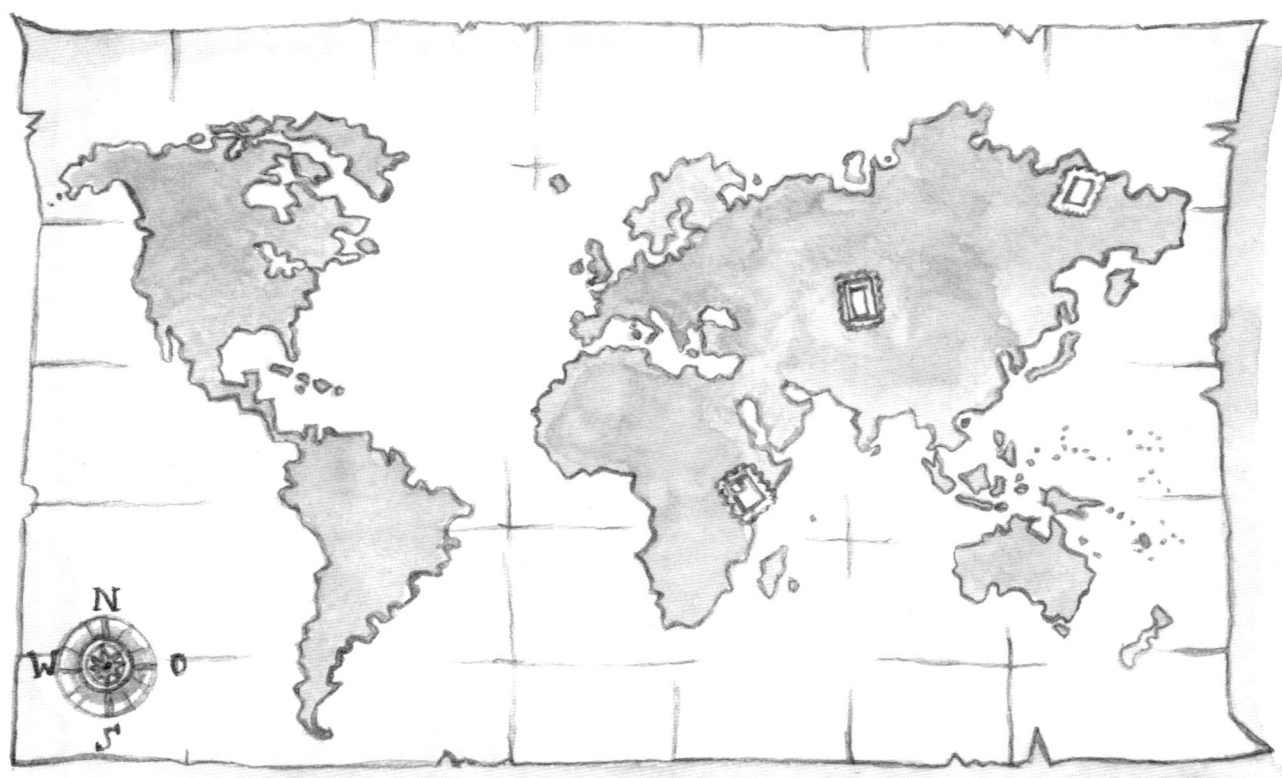

Aus aller Welt

Postkarten und Briefmarken werden aus aller Welt verschickt.

Material: DIN A3-Karton, Kopiervorlage (Weltkarte, s. S. 96), Schere, Kleber, Postkarten oder Briefmarken
Alter: ab 3 Jahren

Die Kopiervorlage mit der Weltkarte vergrößert kopieren, ausschneiden und auf den Karton kleben.
An einem vereinbarten Tag bringen die Kinder Postkarten oder Briefmarken mit, die sie oder ihre Eltern zugeschickt bekommen haben.
In einer Diskussionsrunde besprechen die Kinder mit der Gruppenleitung, wo die Karten und Briefmarken abgeschickt wurden, und suchen gemeinsam den entsprechenden Kontinent auf der Weltkarte.
Die Karte oder Briefmarke dort einkleben.
So entsteht eine bunte Postkarten- und Briefmarken-Weltkarte!

Mit den Händen kommunizieren

Menschen, die miteinander kommunizieren wollen, ohne dass andere sie dabei hören, können sich mit den Händen Zeichen geben. Die „Daktologie" oder Gebärdensprache ist jene Sprache, mit der sich Gehörlose verständigen. Mittlerweile wird sie auf der ganzen Welt wie jede andere Fremdsprache unterrichtet.

Material: 1 Kopie der Vorlage pro Kind
Alter: ab 8 Jahren

Gemeinsam übt die Gruppe jeden Buchstaben mit den Fingern darzustellen, wie auf der Vorlage abgebildet.
Beherrschen die Kinder das Fingeralphabet, buchstabieren sie z.B. der Reihe nach ihre Namen.

GEHÖRLOSENALPHABET :

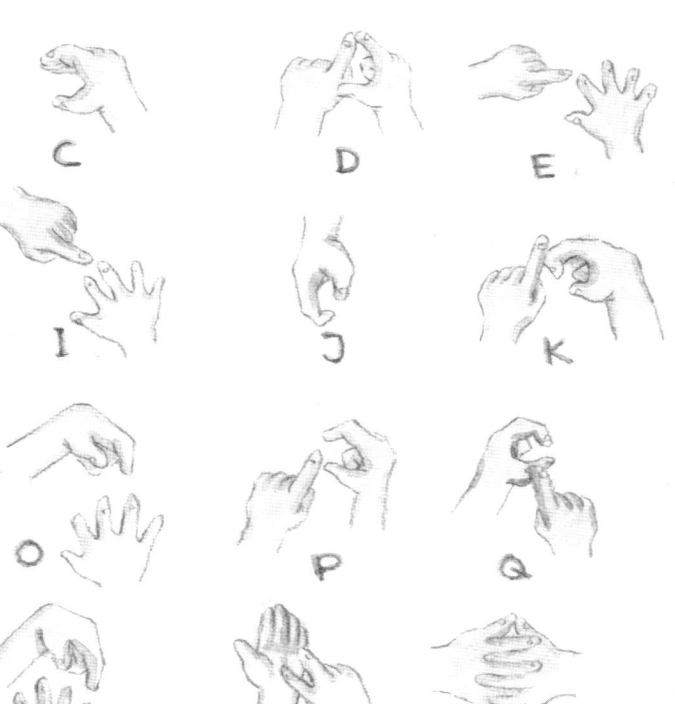

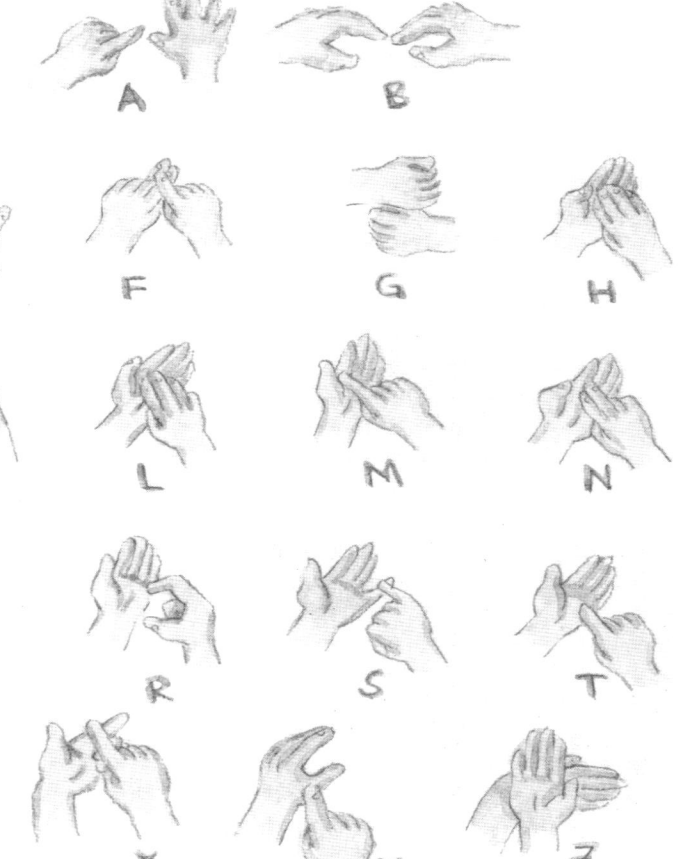

Von der Sicherheitsnadel zum sprechenden Computer

Berühmte Erfinderinnen und ihre Ideen

In fast allen Lebensbereichen kommen die Frauen häufig zu kurz. So auch beim Erfinden. Kaum jemand kennt eine berühmte Erfinderin. Das liegt zum Teil daran, dass ihre Ideen oft gestohlen oder nicht ernst genommen wurden, weil es immer noch hauptsächlich die Männer sind, die das Sagen, die Macht und die interessanteren und besser bezahlten Jobs haben.

Um mit einer Erfindung Erfolg zu haben, mussten sich Frauen oftmals hinter dem Namen ihrer Männer verstecken. Dabei sind eine Menge Dinge eben von Frauen erfunden worden. Aber an Namen berühmter Erfinderinnen scheint sich kaum jemand zu erinnern.

Natürlich haben Frauen häufig solche Dinge erfunden, die ihren eigenen Alltag und nicht etwa den ihrer Männer erleichtert haben. Die Wirklichkeit ist leider so, dass Frauen immer noch diejenigen sind, die den größten Teil der Hausarbeit und Kindererziehung leisten. Männer hingegen gehen hinaus ins Berufsleben. Und wer tagtäglich die Stoffwindeln seiner Babys waschen muss, freut sich über die zeitsparende Wegwerfwindel. Wer immer wieder das Chaos erlebt, welches herumfliegende Zettel und Papiere anrichten können, ist begeistert über eine Büroklammer, die Papiere zusammenheftet. Und wer nicht immer Zeit hat, aufgerissene Nähte an der Kleidung sofort zusammenzunähen, der freundet sich mit der praktischen Sicherheitsnadel an. Es waren Frauen, die den Kaffeefilter, das Tipp-Ex und die Spülmaschine erfunden haben.

Aber es waren auch Frauen, die Dinge erfunden haben, von denen auch die Männerwelt profitiert. So schrieb z.B. *Ada Lovelace Byron* im Jahre 1830 das Programm für den ersten Computer. Den Computer erfand ihr Ehemann *Charles Babbage*. 100 Jahre später entwickelte *Grace Hopper* die bekannte Computersprache COBOL. *Brenda Kean* haben wir es zu verdanken, dass ein Reflektor auf den Fotoapparaten es möglich macht, rote Augen auf den Fotos zu vermeiden, die Elsässerin *Martine Kempf* erfand im Jahre 1986 den sprechenden Computer, der heute in der Mikrochirurgie benutzt wird, und *Asma Ismail* erfand ein Mittel, um Typhus zu diagnostizieren. *Claire Lingard* ist die Erfinderin der „Magneteyez", besonderer Magnetleuchtstreifen für den Straßenverkehr.

Eine der früheren Erfinderinnen ist die Mathematikerin und Philosophin *Hypatia* (370–415). Durch ihren Vater, der als Astronom am Museum von Alexandria tätig war, wurde in ihr das Interesse an Mathematik geweckt. Sie gilt als die Erfinderin des Astrolab, eines Gerätes zur Sternmessung, und der Senkwaage.

Frauen machten die unterschiedlichsten Entdeckungen und Erfindungen. Manchmal zufällig und manchmal, weil sie gezielt forschten. Bekannt wurde die Kinderbuchautorin *Beatrix Potter* (1866–1943) nicht nur durch die Erfindungen ihrer Buchhelden Peter Rabitt und Benjamin Bunny, sondern auch durch die Entdeckung der Flechten. Über lange Zeit malte sie Pflanzen und beobachtete Pilze, bis sie feststellte, dass Flechten eine Symbiose aus Algen und Pilzen sind. Für Frauen ist es schwierig zu forschen und zu entdecken, wenn sie gleichzeitig noch Haushalt und Kinder zu versorgen haben. Beatrix Potter blieb kinderlos und heiratete erst mit 46 Jahren.

Wer war Madame Curie?

Seren hatte inzwischen eine Menge großartiger Entdeckungen und Erfindungen gesehen. Aber ihr fiel auf, dass es meistens Männer waren, die berühmt wurden. Was war mit den Frauen? Seren war sicher, dass Frauen ebenso wichtige Erfindungen gemacht hatten, nur dass eben niemand ihren Namen kannte. Oder kennt jemand die Erfinderin der Wegwerfwindel, der Sicherheitsnadel oder der Büroklammer? Das alles sind Dinge, die die Menschen im Alltag nicht mehr missen möchten. Seren hatte einen Wunsch. „Aurad, zeig' mir eine Erfinderin, eine Frau!", bat sie. Aurad überlegte. Dann meinte er entschlossen: „Komm' Seren, hier siehst du eine ganz besondere Erfinderin!" Die beiden Sterne schwebten dicht über einem Pariser Labor. Ein Spalt am Fenster ermöglichte Seren einen Blick hinein. Eine Frau war dort am Hantieren. „Das ist Madame Curie", erklärte Aurad, „die Entdeckerin der Radioaktivität und zweifache Nobelpreisträgerin! Die einzige Frau, deren Tochter ebenfalls einen Nobelpreis erhielt!"

„Was ist ein Nobelpreis?", fragte Seren neugierig. Der blaue Stern antwortete: „Ein Nobelpreis ist ein Preis, den die Nobelstiftung an Menschen verleiht, die „den Menschen größten Nutzen gebracht haben".
Seren wollte mehr wissen über diese Frau: „Was hat sie studiert? Wie hat sie gelebt?"
Und Aurad berichtete davon, wie die Tochter eines Mathematikprofessors aus Warschau
nach Paris ging, um dort Mathematik und Physik zu studieren, und wie sie dort den
besten Abschluss an der Universität machte. Auch erzählte er Seren von dem spärlichen
Labor, in dem Madame Curie später mit ihrem Mann ihre ersten Experimente machte.
Ihr besonderes Interesse galt einem Mineral, das die Menschen Pechblende nennen.
Zudem war Marie Curie die erste Frau in Europa, die 1902 den Doktortitel verliehen
bekam. Sie widmete ihr Leben der Erforschung von Radioaktivität und setzte sich für ihre
Arbeit einer hohen Strahlendosis aus, die nicht ohne Folgen blieb. Sie starb an Leukämie.
Seren schaute sich nach dem blauen Stern um. Gerne hätte sie sich noch eine Weile mit
ihm über Marie Curie unterhalten. „Aurad?", rief Seren „Blauer Stern, wo bist du?"
Sie schaute nach oben. Sie schaute nach unten. Sie schaute zur Seite. Aber der blaue
Stern war nicht zu sehen. War er ohne sie in die Galaxie zurückgekehrt? Er hatte sich
nicht einmal verabschiedet. „Wo bist du?" Der kleine rote Stern Seren rief und rief. Doch
alle Rufe verhallten.
Vor Schreck erstarrt, hielt der kleine rote Stern inne. Was sollte sie tun? Konnte der
blaue Stern einfach gehen? Seren spürte, wie ihr Kummer immer größer wurde. Und sie
spürte, wie ihr immer heißer wurde. Sie schaute an sich herunter.
Da merkte sie es. Sie wechselte die Farbe. Das Rot wurde Orange und das Orange wurde
Gelb. Das Gelb wurde zu Weiß. Und hinter dem Weiß fing ihr kleiner Sternenkörper an,
blau zu schimmern.
Auf einmal spürte sie es mit großer Gewissheit. Ja, sie würde verglühen. Die Zeit, ein
Stern zu sein, war vorüber.
Aber sie hatte die Menschen gesehen. Sie war Zeugin einiger großartiger Erfindungen
geworden. Sie war dabei gewesen, als der Kaiserin Leizu eine Raupe in den Tee fiel. Sie
hatte gehört, wie Diogenes zu Alexander dem Großen die Worte „geh' mir aus der Sonne"
gesagt hatte. Sie hatte ein ganzes Menschenjahr lang von der Spitze eines Berges den
Wechsel der vier Jahreszeiten beobachtet. Sie hatte Bertha Benz Auto fahren sehen. Sie
war dabei gewesen, als in Wien das Croissant erfunden wurde. Sie hatte den Schimmel in
Dr. Flemings Petrischale gesehen und wie daraus das Penicillin entstand. Sie war an den
Pont du Gard gereist und hatte diese römische Wasserleitung bestaunt. Sie war Zeugin
der ersten Mondlandung geworden und sie hatte Seifenblasen und eine Geburtstags-
torte gesehen.
Und zum ersten und letzten Mal in ihrem Sternendasein leuchtete sie hell und klar am
Sternenhimmel. Für viele Menschen war sie in dieser Nacht sichtbar. Sie zeigten auf sie.
Ein leuchtender Feuerball explodierte am Himmel und seine Funken verströmten in alle
Himmelsrichtungen. Der kleine rote Stern hatte die Erde gesehen.

Wir sind Erfinderinnen und Erfinder

Kreativität und Neugier zu fördern und Lust am Erfinden zu schüren, ist Ziel dieses Projektes. Die Gruppenleitung stellt den Kindern verschiedene Materialien sowie einen ruhigen Ort zum Erfinden zur Verfügung. Das Projekt sollte mindestens mehrere Stunden dauern und kann bei Bedarf auf mehrere Tage ausgedehnt werden.

Material: Materialien freier Wahl, jedoch in großen Mengen z. B. 3000 Holzperlen, 1000 Wäscheklammern, 2000 Büroklammern, 500 Korken, Dosen, Schere, Schnur, Buntstifte, Lineale
Alter: ab 6 Jahren

Regeln fürs Erfinden

Um Erfinden zu können, benötigen ErfinderInnen viel Ruhe. Aus diesem Grund einigen sich die Kinder auf eine ruhige und konzentrierte Arbeitsatmosphäre. Die Kinder entscheiden selbst, ob sie allein, zu zweit oder zu mehreren erfinden möchten. Die Gruppenleitung hält sich beim Prozess des Erfindens zurück. Jede Erfindung verdient den Respekt der anderen.

Vorbereitung

Alle Erfinder suchen sich das von ihnen bevorzugte Material aus und ziehen sich damit an ihren Platz zurück.

Erfinden

Die Kinder tasten, legen, und spielen mit den Materialien. Sie probieren aus und denken nach. Die erstaunlichsten Erfindungen werden dabei herauskommen: Bilder aus Perlen und Büroklammern, Rollbahnen für die Perlen und Kunstwerke aus Wäscheklammern u. ä.

Abschluss

Die Kinder stellen sich ihre Erfindungen gegenseitig vor.

Geschichten ausdenken

Situationen aus alten Zeitschriften ausgeschnitten regen dazu an, eine Geschichte zu erfinden.

Material: Pappe, alte Zeitschriften, Schere, Klebstoff
Alter: ab 6 Jahren

Die Kinder schneiden aus alten Zeitschriften Bilder aus.
Sie kleben auf der Pappe eine eigene erfundene Geschichte zusammen.
In einer großen Runde, erläutert jedes Kind seine Geschichte.

Eine Auswahl spannender Erfindungen und Entdeckungen im zeitlichen Überblick

Vor ca. 2,5 Mio. Jahren
- In Afrika tauchen die ersten Menschen auf. Sie unterscheiden sich von den Menschenaffen dadurch, dass sie aufrecht auf zwei Beinen gehen und ein kleineres Gebiss haben.

Ca. 50.000 v. chr. Zt.
- Die Menschen entwickeln Sprachen. Statt Gesten und Tönen benutzen sie nun Laute um sich auszudrücken und zu kommunizieren.
- Steinwerkzeug wie Äxte, Bohrer und Pfeilspitzen werden erfunden.
- Die Menschen entdecken das Feuer.
- Mit Farben aus Erde und Ruß entstehen die ersten Abbildungen von Tieren und menschlichen Figuren.

10.000 v. chr. Zt.
- Der Webstuhl entsteht in Asien.
- In Australien wird der wiederkehrende Bumerang erfunden.
- In Anatolien werden erste Spiegel aus Obsidian hergestellt.

5000 v. chr. Zt.
- In Vorderasien werden zum ersten Mal Brücken aus Holz gebaut.
- Die erste Stadt, die gebaut wird, ist Eridu. Sie befindet sich auf einer Insel im Persischen Golf.

4000 v. chr. Zt.
- Die erste Töpferscheibe ist in Mesopotamien in Gebrauch.
- Die Ägypter entwickeln ihre eigenen Schriftzeichen, die Hieroglyphen.
- In den Gebieten der heutigen Türkei besitzen besser gestellte Menschen erste Betten.

3500 v. chr. Zt.
- In der Gegend des heutigen Pakistan wird die Toilette mit Wasserspülung erfunden.
- Ägyptische Ärzte schreiben erste medizinische Lehrbücher.

3000 v. chr. Zt.
- Die Menschen des Industals, dem heutigen Pakistan, sind die Erfinder des Schach.
- In China wird zum ersten Mal Tee getrunken.
- Erste Wasserleitungen werden in Ägypten verlegt.

2500 v. chr. Zt.
- In Pakistan wird das erste öffentliche Schwimmbad gebaut.
- Die ersten Liebesgedichte werden in Mesopotamien geschrieben.
- Die Frau des sumerischen Königs Schulgi erfindet ein Wiegenlied für ihr Kind.
- In Pakistan gibt es in dem öffentlichen Bad die erste Zentralheizung und die erste Sauna.

2100 v. chr. Zt.
- Die Sumerer bauen das erste Aquarium.
- Das erste Wörterbuch ist sumerisch-akkadisch und wird in Mesopotamien auf Tontafeln geschrieben.

1800 v. chr. Zt.
- Im heutigen Irak wird Parfüm erfunden.

1700 v. chr. Zt.
- In den bergigen Gebieten der heutigen Türkei erfinden die Menschen Speiseeis aus Schnee, dem sie Geschmacksstoffe zufügen.

1000 v. chr. Zt.	◆ Die Zahl Null wird von chaldäischen Mathematikern erfunden.
900 v. chr. Zt.	◆ Die ersten Stempel mit Schriftzeichen entstehen in Kleinasien.
	◆ Mesopotamische Astronome entdecken, dass der Mond eine Kugel ist.
800 v. chr. Zt.	◆ Die ersten Olympischen Spiele finden in Griechenland statt.
600 v. chr. Zt.	◆ In Athen wird von dem griechischen Staatsmann Kleisthenes die Idee der Demokratie eingeführt.
500 v. chr. Zt.	◆ Die Griechen entdecken elektrische Phänomene.
400 v. chr. Zt.	◆ Die Chinesen erfinden den Fußball und die Schere.
200 v. chr. Zt.	◆ Die Römer erfinden den Beton.
	◆ Griechische Wissenschaftler entdecken die Möglichkeit der Bluttransfusion.
100 v. chr. Zt.	◆ Der erste mechanische Computer wird auf der Insel Rhodos gebaut.
	◆ Die Römer geben die erste Tageszeitung mit dem Namen „Tagesgeschehen" heraus.
200 n. chr. Zt.	◆ Erste Gruselgeschichten werden geschrieben.
	◆ Die Römer erfinden Feuerwerk, indem sie brennbares Material hübsch arrangieren.
400 n. chr. Zt.	◆ Die Chinesen erfinden Klopapier aus Reisstroh.
500 n. chr. Zt.	◆ Die ersten Zündhölzer werden in China hergestellt.
1000–1500 n. chr. Zt.	◆ Der islamische Wissenschaftler Abu Rayhan Muhammad Ahmad al-Biruni erklärt, dass der Mensch vom Affen abstammt.
	◆ In Europa wird die Windmühle erfunden.
	◆ Italienische Seefahrer benutzen den Nadelkompass.
	◆ Zum ersten Mal werden Brillengläser hergestellt.
	◆ In Frankreich wird die Tapete erfunden.
	◆ In Italien gibt es die erste mechanische Uhr.
	◆ Johannes Gutenberg führt den Buchdruck ein.
1500–1600 n. chr. Zt.	◆ Die Taschenuhr wird erfunden.
	◆ Entdeckungsreisende gelangen nach Amerika und Asien und bringen neue Pflanzen und Gewürze mit nach Europa, z.B. Kartoffeln, Tomaten, Tabak, Tee und Kaffee.
	◆ Zum ersten Mal wird in der Schweiz ein Kind per Kaiserschnitt geboren.
	◆ Der Bleistift wird erfunden.
1715	◆ Es gibt den ersten Taucheranzug.
1753	◆ Die Menschen entdecken, dass Vitamin C in Zitrusfrüchten vorhanden ist, und finden heraus, dass es vor Skorbut schützt.
1800	◆ Aufgrund der Entdeckung von Elektrizität in Metallen, ist die Erfindung der Batterie möglich.
1815	◆ Das erste Fieberthermometer kommt zum Einsatz.
1816	◆ Das erste Stethoskop wird erfunden, um den Herzschlag zu hören.
	◆ Unter dem Mikroskop entdecken Ärzte Zellen, Drüsen und Nerven.
1832	◆ Wasserfarbe in Tablettenform wird erstmalig verkauft.
1837	◆ Erfindung des elektrischen Telegrafen.

1840	◆ Postboten, Briefkästen und Briefmarken werden eingeführt.
1847	◆ Aufblasbare Gummiluftballons kommen auf den Markt.
1848	◆ In New York eröffnen die ersten Kaufhäuser.
ab 1853	◆ Ärzte benutzen Spritzen zum Injizieren.
1899	◆ Die fast jedem Erwachsenen bekannte Kopfschmerztablette Aspirin kommt zunächst als Schmerzmittel für Rheumakranke auf den Markt.
1900	◆ Mediziner entdecken, dass es unterschiedliche Blutgruppen gibt.
1920	◆ Die erste Radiostation geht auf Sendung.
1921	◆ Durch die Entdeckung des Insulins können Zuckerkranke ab jetzt ein nahezu beschwerdefreies Leben führen.
1924	◆ Erste Autobahnen werden gebaut.
1925	◆ Das Fernsehen wird erfunden.
	◆ Erfindung des Schaumgummi.
1934	◆ Der erste Waschsalon eröffnet in den USA.
1935	◆ Das „Monopoly"-Spiel wird berühmt.
1942	◆ Erfindung der Spanplatte.
1943	◆ Erfindung des Kugelschreibers
	◆ Erste elektronische Computer werden eingesetzt.
1947	◆ Die Polaroidkamera wird erfunden.
1953	◆ Erfindung der Mikrowelle.
1955	◆ Das erste Luftkissenboot wird gebaut.
1960	◆ Der Laser wird erfunden.
1963	◆ Der tragbare Kassettenrekorder kommt auf den Markt.
1964	◆ In Japan fährt die erste Magnetschwebebahn.
1967	◆ Erstmalig wird eine Herztransplantation durchgeführt.
1973	◆ Die ersten Videorekorder tauchen auf dem Markt auf.
1980	◆ Bleifreies Benzin wird angeboten.
	◆ CDs kommen auf den Markt.
1994	◆ Mit dem Tunnel unter dem Ärmelkanal wird der erste Kanaltunnel gebaut.
2002	◆ Die Idee einer einheitlichen Währung wird von vielen europäischen Staaten mit der Einführung des Euro umgesetzt.

Anhang

Adressen

Museen

Atlantis Kindermuseum
Philosophenweg 23-25
D-47051 Duisburg
Tel.: 0203-449900
www.atlantis-kindermuseum.de
Öffnungszeiten: Mo-So 9-18h

Deutsches Museum
Museumsinsel 1
D-80306 München
Kinderreich (für Kinder von 3-10 Jahren in
Begleitung Erwachsener)
Tel.: 089-2179-4111

Kindermuseum des Historischen Museums
Frankfurt/Main
Saalgasse 19
D-60311 Frankfurt/Main
Tel:069-212-35154
www.kindermuseum.frankfurt.de

Labyrinth Kindermuseum Berlin
Osloer Str. 12
D-13359 Berlin
Tel: 030-49308901
www.kindermuseum-labyrinth.de

Mathematicum Gießen
Liebigstr. 8
D-35390 Gießen
Öffnungszeiten: Mo-Fr 9-18h
Do 9-20h
Sa, So 10-18h
Das erste mathematische Mitmachmuseum der
Welt!

Museum für Kommunikation Frankfurt
Schaumainkai 53
D-60596 Frankfurt/Main

Schloss Freudenberg-Wiesbaden
D-65201 Wiesbaden
Tel: 0611-9410725
Öffnungszeiten: Mo-Fr 9-18 h
Sa, So 12-18 h
www.schlossfreudenberg.de
Ein Erfahrungsfeld, das jeder Besucherin und
jedem Besucher einen
„Feldweg" zur Entdeckung, Erkundung und
zum spielerischen Umgang mit allen
Erscheinungen, die Himmel und Erde
zusammenhalten, bietet.

Universum Science Center Bremen
Wiener Str. 2
D-28359 Bremen
Tel. 0421-3346333
www.universum-bremen.de
Öffnungszeiten: Mo-Fr 9-18 h (Mi bis 19.30 h)
Sa, So, Feiertags 10-19 h

Bezugsadresse für Magnetnadeln

Fa. Stockert
Marienstraße 47
D-90762 Fürth
Tel: 0911-771697

Literaturhinweise

Bender, L.: Sehen, Staunen, Wissen: Erfindun-
gen. Gerstenberg 1991.
Pabel/Moewig (Hg.): Zeige und erkläre mir die
Erfindungen, Rastatt 1999.
Dein buntes Wörterbuch Erfindungen, Flerus
Verlag 2002.
Richardson, M.: Das populäre Lexikon der
ersten Male. Piper 2000.

Glossar

Aquädukt
Aquädukt ist das lateinische Wort für Wasserleitung.

Atomium
Das 102 m hohe begehbare Bauwerk wurde zur Weltausstellung 1958 in Brüssel in Belgien von dem Architekten *André Waterkeyn* errichtet. Es besteht aus neun Kugeln von jeweils 18 m Durchmesser und hat die Form eines Eisenmoleküls.

Eiffelturm
Zur Pariser Weltausstellung im Jahre 1889 wurde der Eiffelturm gebaut. Heute ist der 300 m hohe Metallturm das Wahrzeichen der französischen Hauptstadt. Er wurde damals von dem Ingenieur *Gustave Eiffel* entworfen und sollte eigentlich nach der Ausstellung wieder abgerissen werden. Damals war der Eiffelturm übrigens das höchste Bauwerk der Welt. Er wird alle sieben Jahre neu gestrichen, damit das Metall nicht rostet.

Elektrizität
Elektrizität bezeichnet eine Energieform. Stammt vom griechischen Wort *electron* für Bernstein ab.

E-Mail
Eine E-Mail ist ein elektronischer Brief, der über das Internet verschickt wird. Es dauert oft nur wenige Minuten, bis ein solcher Brief auf dem Computerbildschirm des Empfängers zu sehen ist. Und dabei ist es ganz egal, an welchem Ort dieser Welt der Empfänger lebt. Einzige Vorraussetzung ist, dass er eine E-Mail-Adresse und einen Internetanschluss in seinem Computer hat.

Erfindung
Unter einer Erfindung versteht man die „Lehre zum Handeln".

Galileo Galilei (1564–1642)
Italienischer Professor für Mathematik und Physik. Er vertrat erstmalig eine andere Meinung als die katholische Kirche, in dem er die Erde als Mittelpunkt des Kosmos und die Existenz eines Gottes in Frage stellte.

Handy
Ein Handy ist ein tragbares Telefon ohne Schnur. Das Wort *handy* kommt aus dem Englischen und bedeutet „handlich", „praktisch" und „geschickt". Diese Bezeichnung für ein tragbares Telefon gilt jedoch nur für Deutschland. In England und Amerika heißt ein Mobiltelefon *mobile phone*.

William Harvey (1578–1628)
Englischer Arzt. Außerordentlicher Hofarzt von König Jacob I. Entdecker des Blutkreislaufes.

Idee
Das aus dem Griechischen stammende Wort hat vielerlei Bedeutungen. Eine Idee ist ein Einfall, eine Absicht. Eine Idee ist aber auch ein Urbild oder eine Vorstellung von etwas, das man noch nicht genau kennt. Auch ein Grundgedanke ist eine Idee. Jeder Erfindung und jeder Entdeckung geht zunächst eine Idee voraus.

Medizin
Unter Medizin verstehen wir sowohl Heilkunde wie auch Heilmittel.

Nobelpreis
Die Nobelstiftung verleiht seit 1901 jedes Jahr am 10. Dezember, dem Todestag von *Alfred Nobel* (1833–1896), Nobelpreise der Physik, der Medizin und Chemie an Wissenschaftler, die sich in diesen Gebieten mit hervorragenden Erfindungen und Entdeckungen auszeichnen. Zudem gibt es den Literaturnobelpreis, den Friedensnobelpreis und den Nobel-Gedenkpreis für Wirtschaftswissenschaften. Der Nobelpreis besteht aus einer Urkunde, einer Goldmedaille und einem hohen Geldbetrag. Wer einen Nobelpreis bekommt, wird meistens berühmt. Straßen, Schulen und Universitäten sind nach Nobelpreisträgern benannt.

Philosophie
Das aus dem Griechischen stammende Wort bedeutet „Weisheitsliebe". Die Philosophie ist die Wissenschaft, die sich mit der Erforschung von Zusammenhängen hinter den Dingen, die uns im Leben umgeben, beschäftigt. Philosophen sind „Freunde der Weisheit" und denken über das Leben und all' seine Erscheinungen nach.

Pyramide
Das Wort „Pyramide" entstammt dem Griechischen und bezeichnet einen spitz zulaufenden Körper, dessen Grundfläche ein Viereck ist und dessen Seitenflächen aus Dreiecken bestehen. Die Grabdenkmäler der ägyptischen Pharaonen sind als Pyramiden gebaut worden.

Weltausstellungen
Im Zuge des industriellen Fortschritts wurden die so genannten Weltausstellungen ins Leben gerufen. Auf den Weltausstellungen wurden die neuesten technischen Errungenschaften und Ausstellungsstücke aus den Kolonien der europäischen Länder gezeigt. Die Weltausstellungen dienten dazu, das Überlegenheitsgefühl der Industriestaaten maßgeblich zu verfestigen. Die Vorstellungen von einem Kontrast zwischen zivilisierten und noch nicht zivilisierten, so genannten Naturvölkern, setzten sich durch. Die erste Weltausstellung fand 1851 im Londoner Hyde-Park statt. Die letzte Weltausstellung war die EXPO2000 in Hannover.

Zynisch (griechisch)
Bissig, spöttisch. Abgeleitet von dem griechischen Wort *kyon*, welches „Hund" bedeutet.

Die Aktionen im Überblick

Die Autorin und die Illustratorin

 **Miriam Schultze** wurde 1967 in Neuss am Rhein geboren. Sie studierte Ethnologie, Kunstgeschichte und vergleichende Religionswissenschaft und arbeitet jetzt u. a. als Dozentin in der Marburger Kinderkunstschule und als pädagogische Mitarbeiterin am Frankfurter Museum der Weltkulturen. Sie lebt mit ihrem Sohn in Marburg. Dies ist ihr viertes Buch beim Ökotopia Verlag.

Von Miriam Schultze bei Ökotopia erschienen:
„Sag' mir wo der Pfeffer wächst – eine ethnologische Erlebnisreise für Kinder", Ökotopia Verlag 1997.
„Didgeridoo und Känguru – eine Reise durch Australien in Spielen, Liedern und spannenden Geschichten", Ökotopia Verlag 2001.
„Moneten, Kohle, Kies und Schotter – Kinder begreifen die Welt der Wirtschaft durch kindgerechte Informationen, spannende Geschichten, Spiele, Bastelanregungen und Aktionsvorschläge", Ökotopia Verlag 2002.

 **Maria Karipidou** wurde 1978 in Stuttgart geboren und studierte Kommunikationsdesign in Pforzheim. Zur Zeit belegt sie Buchgestaltung in Trier, wo sie als freie Illustratorin im Kinderbuchbereich lebt und arbeitet. Aufgewachsen zwischen zwei Ländern – ihrem griechischen Heimatland und Karlsruhe in Deutschland, nahe Frankreich – lässt sie sich bei ihren Kinderbuchillustrationen von allen Kindern dieser Welt inspirieren. „Tüfteln, Grübeln, Ideen schmieden" ist ihr drittes Buch für den Ökotopia Verlag.

Bereits erschienen sind:
„Pickadill & Poppadom. Kinderlieder und Geschichten aus Großbritannien", Ökotopia Verlag 2003.
„Tanzende Gefühle – bewegte Tänze", Ökotopia Verlag 2003.

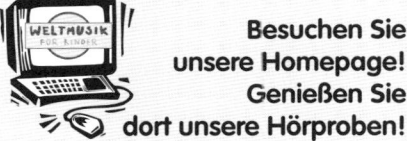

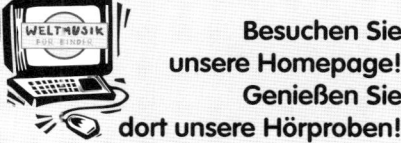

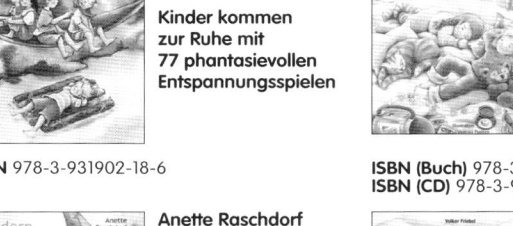